Sarah Ruth Sippel und Michaela Böhme
Land

Dialektik des Globalen. Kernbegriffe

Herausgegeben vom Sonderforschungsbereich 1199 „Verräumlichungsprozesse unter Globalisierungsbedingungen" der Universität Leipzig, dem Leibniz-Institut für Geschichte und Kultur des östlichen Europa, der Technischen Universität Dresden und dem Leibniz-Institut für Länderkunde

Band 7

Sarah Ruth Sippel und Michaela Böhme

Land

—

DE GRUYTER
OLDENBOURG

Gefördert von der Deutschen Forschungsgemeinschaft

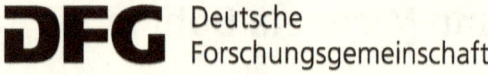

ISBN 978-3-11-064141-7
e-ISBN (PDF) 978-3-11-064558-3
e-ISBN (EPUB) 978-3-11-064164-6

Bibliografische Information der Deutschen Nationalbibliothek
Die Deutsche Nationalbibliothek verzeichnet diese Publikation in der Deutschen Nationalbibliografie; detaillierte bibliografische Daten sind im Internet über http://dnb.dnb.de abrufbar.

© 2021 Walter de Gruyter GmbH, Berlin/Boston
Titelbild: Weideland in Australien. © Sarah Ruth Sippel
Druck und Bindung: CPI books GmbH, Leck

www.degruyter.com

Inhalt

1 Einleitung —— 1

2 Von der Marginalisierung von Land zum Land Rush —— 4

3 Land und Verräumlichungspraktiken —— 9

4 Neu-Formatierungen von Land als Anlagegeographien —— 14

5 Land und Materialität —— 20

6 De- und Reregulierungen von Land —— 28

7 Lokale Aushandlungen und transregionale Gegenbewegungen —— 34

8 Zusammenfassung —— 41

1 Einleitung

Was ist Land? Kaum ein Gegenstand hat in den letzten Jahren so viel Aufmerksamkeit in den Sozialwissenschaften erhalten wie die Wiederentdeckung der „Landfrage". Zunächst von der Nicht-Regierungs-Organisation (NRO) GRAIN angestoßen,[1] wurden Schlagworte wie globale Landnahme (*land grabbing*), Ansturm auf Land (*land rush*) und großflächige Landakquisitionen (*large-scale land acquisitions*) rasch von medialer und wissenschaftlicher Seite aufgegriffen. Vor dem Hintergrund des globalen Klimawandels, einer wachsenden Weltbevölkerung und Lebensmittelpreiskrisen 2008 und 2011 wurde Land zur *last frontier* im Ansturm von multinationalen Konzernen, Finanzakteuren und Staaten auf knappe und endliche Ressourcen. Der Ansturm auf Land generierte zugleich einen wahren „Literatursturm",[2] der diese neuen Formen der Landtransformation an den Schnittstellen zwischen Zivilgesellschaft, Entwicklungszusammenarbeit, Aktivismus und Wissenschaft diskutiert. Die „Wiederentdeckung" von Land rief die vielschichtigen sozialen, kulturellen, politischen, ökonomischen und materiellen Dimensionen von Land prominent in Erinnerung. Mit Land werden sowohl Gemeinschaft, Erinnerung, Erbe und Zugehörigkeit als auch Eroberung, Enteignung und Vertreibung assoziiert. Wie kaum ein anderes Objekt ist Land ein Symbol territorial gebundener Identität und nationaler Souveränität. Land ist jedoch auch physisch greifbar und umfasst neben seiner Oberfläche den Erdboden und den Zugang zu weiteren Ressourcen. Land ist in seiner Materialität produktiv und damit essentiell für das Überleben von Menschen, und in eben dieser Eigenschaft zum Gegenstand neuer Wirtschafts- und Finanzinteressen geworden.

Die Art und Weise wie Land gesellschaftlich konstruiert wird – als gemeinschaftliches Gut, Nährboden menschlichen Daseins, nationales Territorium, Privateigentum oder Finanzanlageobjekt – ist räumlich und zeitlich ebenso dynamisch wie umstritten. Konstruktionen von Land sind Ergebnis aktiver Aushandlungsprozesse, in denen Vermessung, Kartographierung und Eintragung sowie Narration und symbolische Aufladung eine wesentliche Rolle spielen.[3] Kontrolle – oder Territorialisierung – von Land war ein zentrales Ziel in

---

[1] GRAIN, *Seized: The 2008 Land Grab for Food and Financial Security*, Barcelona: GRAIN, 2008.
[2] I. Scoones u. a., „The Politics of Evidence. Methodologies for Understanding the Global Land Rush", *The Journal of Peasant Studies* 40 (2013) 3, S. 469–483.
[3] C. M. Rose, *Property and Persuasion. Essays on the History, Theory, and Rhetoric of Ownership*, Boulder (CO): Westview Press, 1994; N. Blomley, „Law, Property, and the Geography of Violence. The Frontier, the Survey, and the Grid", *Annals of the Association of American Geographers* 93

zahlreichen historischen Prozessen, von der Kolonialisierung über die Entstehung von Nationalstaaten bis hin zur Herausbildung globaler Märkte. Territorialisierungen beruhen auf Praktiken der Beanspruchung und Festschreibung von Landzugängen und dem Ausschluss Anderer, oftmals unter Anwendung oder Androhung von Gewalt.[4]

Alle diese Landprojekte beinhalten spezifische Imaginationen von Raum. Sie manifestieren bestehende Raumformate und -ordnungen oder fordern diese heraus. Landimaginationen und damit verbundene raumbildende Praktiken sind daher, so argumentieren wir, von besonderem Interesse für die im Rahmen des SFB 1199 angestrebte Analyse von Verräumlichungsprozessen unter Globalisierungsbedingungen. In diesem Beitrag möchten wir aufzeigen, weshalb es sich lohnt, aktuelle Landprojekte in der Analyse von Verräumlichungsprozessen unter Globalisierungsbedingungen besonders in den Blick zu nehmen. Land spielt in vielen gegenwärtig zu beobachtenden Verräumlichungsprojekten[5] eine vielschichtige und komplexe Rolle, sei es in der zunehmend globalen Ausdehnung des Finanzkapitalismus, dem (Wieder-)Aufschwung nationaler und rechtspopulistischer Ideologien oder der Formierung transregionaler antikapitalistischer Widerstandsbewegungen. Aktuelle Landprojekte sind daher besonders aufschlussreich, um nachzuvollziehen, auf welche Art und Weise Globalisierungsprojekte gegenwärtig vorangetrieben werden. Sie zeigen auf, wie Raumformate genutzt und stabilisiert oder aktiv neu formatiert und ausgestaltet werden und mit welchen komplexen, nicht allein sozio-kulturellen, sondern auch physisch-materiellen Herausforderungen Verräumlichungsprojekte von Land kontinuierlich konfrontiert sind.

Wir beginnen mit einer kurzen Skizze zur Marginalisierung von Land in den Sozialwissenschaften und seiner Wiederentdeckung im Rahmen der Land Rush-Debatte seit 2008. Im Anschluss daran illustrieren wir anhand von vier Themensträngen, welche Bestrebungen der Neuverräumlichung von Land sich aktuell beobachten lassen und was uns diese über die Mechanismen, Heraus-

---

(2003) 1, S. 121–141; S. Elden, „Land, Terrain, Territory", *Progress in Human Geography* 34 (2010) 6, S. 799–817.

4 J. Gertel, S. Calkins und R. Rottenburg, „Disrupting Territories. Commodification and its Consequences", in: J. Gertel, R. Rottenburg und S. Calkins (Hrsg.), *Disrupting Territories. Land, Commodification and Conflict in Sudan*, Woodbridge: James Currey, 2014, S. 1–30; N. L. Peluso und C. Lund, „Introduction", in: N. L. Peluso und C. Lund (Hrsg.), *New Frontiers of Land Control*, London: Routledge, 2012, S. 1–15.

5 Die spezifische Rolle von Land ließe sich auch für historisch weiter zurückliegende Verräumlichungsprojekte lohnenswert analysieren. Wir konzentrieren uns in diesem Beitrag jedoch überwiegend auf Landprojekte seit 2008.

forderungen und Spannungsgefüge von Verräumlichungsprozessen unter Globalisierungsbedingungen aufzeigen können.

2 Von der Marginalisierung von Land zum Land Rush

Der Ansturm auf Land in den späten 2000er Jahren kam als Überraschung in einer Zeit, die in den Regionalstudien zumeist als „post-ländlich" und „post-produktivistisch" charakterisiert wurde, und in der ländliche Lebensweisen und Existenzsicherungen (einschließlich der von Landwirten) zunehmend als multifunktional, transient oder sogar „hyperreal" beschrieben wurden.[1] Die Frage „Was ist Land?" wurde seit den 1970er Jahren in der sozialwissenschaftlichen Erforschung ländlicher Räume und den Agri-Food Studies kaum noch gestellt. Land als Forschungsobjekt rückte zunehmend in den Hintergrund oder wurde gänzlich ignoriert.[2] Kurz vor Beginn des Land Rush[3] konstatierte der Geograph Michael Woods, dass ländliche Politik – „political debates concerning agriculture, or forestry, or the management of rural land more broadly" – durch eine „Politik des Ländlichen" ersetzt wurde, die vielmehr Themen wie ländliche Identität, Gemeinschaft und die Bedeutung und Regulierung von Ländlichkeit betrachtet.[4] Die zunehmende Popularität von Warenkettenansätzen in der Erforschung ländlicher Räume seit den 1990er Jahren untermauerte diesen Trend,[5] ebenso wie

---

[1] P. Cloke, „Country Backwater to Virtual Village? Rural Studies and the ‚Cultural Turn'", *Journal of Rural Studies* 13 (1997) 4, S. 367–376. – Die Darstellung der Debatte in diesem Abschnitt beruht in großen Teilen auf der Einleitung zum Sonderheft S. R. Sippel und O. Visser, „Reimagining Land. Materiality, Affect, and the uneven Trajectories of Land Transformation", *Agriculture and Human Values* 38 (2021) 1, S. 271–282.
[2] M. Mormont, „Who is Rural? Or, How to be Rural. Towards a Sociology of the Rural", in: T. Marsden, P. Lowe, und S. Whatmore (Hrsg.), *Rural Restructuring. Global Processes and their Responses*, London: David Fulton Publishers, 1990, S. 21–44.
[3] Wir folgen in der Verwendung des Begriffs „Land Rush" Li, die argumentiert „what is distinctive about the intensified interest in global farmland since 2008 is its temporality and scope, not the mechanisms, processes or impacts of land acquisition, which have a long history. [T]he characteristic feature of a rush is a sudden, hyped interest in a resource because of its newly enhanced value, and the spectacular riches it promises to investors who get into the business early. Hence the rush." T. M. Li, „What is Land? Assembling a Resource for Global Investment", *Transactions of the Institute of British Geographers* 39 (2014) 4, S. 589–602, hier S. 594.
[4] M. Woods, „Redefining the ‚Rural Question'. The New ‚Politics of the Rural' and Social Policy", *Social Policy and Administration* 40 (2006) 6, S. 579–595, hier S. 580.
[5] A. Hughes und S. Reimer (Hrsg.), *Geographies of Commodity Chains*, London: Routledge, 2004; N. Fold und B. Pritchard (Hrsg.), *Cross-Continental Agro-food Chains. Structures, Actors, and Dynamics in the Global Food System*, London: Routledge, 2005; L. J. Pegler, „Peasant Inclusion in Global Value Chains. Economic Upgrading but Social Downgrading in Labour Processes?", *Journal of Peasant Studies* 42 (2015) 5, S. 929–956; J. Neilson und B. Pritchard, *Value Chain*

der Fokus auf die Erforschung ländlicher Mobilitäten.[6] Je mehr globale Verflechtungen, Vernetzungen und Flüsse in den Blick genommen wurden, desto stärker rückten die Landwirtschaft und ihre Einbettung in lokale Umweltzusammenhänge in den Hintergrund.

Dieser Wandel weg von „ländlicher Politik" war in der Erforschung ländlicher Räume des Globalen Nordens (Europa, Nordamerika, Australien, Neuseeland) prägnanter als in Kontexten des Globalen Südens, wo die Existenzsicherung ländlicher Bevölkerungen nach wie vor stärker an Land und Landwirtschaft gebunden ist. Zwar wurden auch hier nicht-landwirtschaftliche Einkünfte aus Lohnarbeit und Rücküberweisungen zunehmend bedeutsam, landwirtschaftliche Tätigkeiten blieben jedoch im Vergleich zu Kontexten des Globalen Nordens von größerer Bedeutung. Entsprechend war der Rückgang der Bedeutung von Land in der Forschung zu Kleinbäuer:innen, ländlichen Bewegungen und Landreformen im Globalen Süden weniger ausgeprägt. Allerdings wurde Land hier überwiegend im Zusammenhang mit Landtransformationen und Prozessen der Akkumulation und Enteignung diskutiert. Spezifische Beziehungen mit und Verständnisse von Land wurden oftmals mehr vorausgesetzt als tatsächlich untersucht. So wurde Land in der Untersuchung von Landreformen überwiegend aus einer Eigentums- und Zugangsperspektive betrachtet. Andere Beziehungen zu Land spielten kaum eine Rolle. Diese „anderen", vor allem nicht-eigentumsbasierten Beziehungen zu Land wurden vor allem in ethnologischen Studien zu indigenen Bevölkerungen und im Kontext der Verflechtungen zwischen Land und kolonialer Besetzung, Enteignung und indigenen Kämpfen um Landrechte und Selbstbestimmung untersucht.[7] Im Ergebnis, so lässt sich zusammenfassen, wurde Land also über mehrere Jahrzehnte hinweg entweder ignoriert oder aber im Zusammenhang mit den „Anderen", wie indigenen Bevölkerungen oder Kleinbäuer:innen, diskutiert.

Auch in den Literatursträngen, die sich seit Beginn der 1990er Jahre verstärkt mit Fragen von Landschaft (*landscape*) befasst haben, spielt Land kaum eine

---

Struggles. Institutions and Governance in the Plantation Districts of South India, Malden (MA): Wiley, 2011.

6 J. Gertel und S. R. Sippel (Hrsg.), *Seasonal Workers in Mediterranean Agriculture. The Social Costs of Eating Fresh*, London: Routledge, 2014; A. Corrado, C. de Castro, und D. Perrotta (Hrsg.), *Migration and Agriculture. Mobility and Change in the Mediterranean Area*, London: Routledge, 2016.

7 Siehe M. Tomlinson, „Sacred Soil in Kadavu, Fiji", *Oceania* 72 (2002) 4, S. 237–257; N. Barrera-Bassols uind A. Zinck, „,Land Moves and Behaves': Indigenous Discourse on Sustainable Land Management in Pichataro, Patzcuaro Basin, Mexico", *Geografiska Annaler: Series A, Physical Geography* 85 (2003) 3–4, S. 229–245.

Rolle.[8] Hier wurden neue Perspektiven auf die Wechselbeziehungen zwischen menschlichen und nicht-menschlichen Akteur:innen entwickelt, z. B. als neue Formen von „Hybridität"[9] oder im Kontext der Akteur-Netzwerk-Theorie.[10] In diesem neueren Feld der Mensch-Umwelt-Beziehungen entstanden zahlreiche Arbeiten zu Flora (u. a. Bäumen, Grenzpflanzen, Kulturpflanzen)[11], Tieren[12] und sogar Pilzen und Bakterien.[13] Land (und Boden) blieben jedoch weitgehend ausgespart. Auch die Literatur zu Landschaft befasste sich mehr mit *scapes* denn mit Land,[14] wie die zahlreichen Verwendungen von scape-Begriffen illustrieren – von *countryscapes* und *streetscapes*[15] hin zu *lifescapes*[16] und *dreamscapes*.[17] Kurz,

---

8 Siehe S. Daniels und D. Cosgrove, „Spectacle and Text. Landscape Metaphors in Cultural Geography", in: J. Duncan und D. Ley (Hrsg.), *Place/Culture/Representation*, London: Routledge, 1993, S. 57–77; C. Gosden und L. Head, „Landscape – A Usefully Ambiguous Concept", *Archaeology in Oceania* 29 (1994) 3, S. 113–116; S. Schama, *Landscape and Memory*, New York: A. Knopf, 1995; Cloke, „Country Backwater"; L. Head, *Cultural Landscapes and Environmental Change*, London: Routledge, 2000.
9 D. Haraway, *Simians, Cyborgs, and Women. The Reinvention of Nature*. New York: Routledge, 1991; S. Whatmore, *Hybrid Geographies. Natures Cultures Spaces*. London: Sage, 2002.
10 M. Callon, J. Law, und A. Rip, *Mapping the Dynamics of Science and Technology. Sociology of Science in the Real World*, Basingstoke: Macmillan, 1986; B. Latour, *We Have Never Been Modern*, Cambridge: Harvard University Press, 1993.
11 F. Heuts und A. Mol, „What is a Good Tomato? A Case of Valuing in Practice", *Valuation Studies* 1 (2013) 2, S. 125–146; S. J. Martin, „The Political Economy of Distillers' Grains and the Frictions of Consumption", *Environmental Politics* 29 (2020) 2, S. 297–316.
12 K. Saltzman, L. Head und M. Stenseke, „Do Cows Belong in Nature? The Cultural Basis of Agriculture in Sweden and Australia", *Journal of Rural Studies* 27 (2011) 1, S. 54–62; L. Holloway u. a., „Animals, Technologies and People in Rural Spaces. Introduction to a Special Issue on Emerging Geographies of Animal-technology Co-productions", *Journal of Rural Studies* 33 (2014), S. 95–98.
13 A. Tsing, *The Mushroom at the End of the World*, Princeton (NJ): Princeton University Press, 2018; J. Lorimer, *The Probiotic Planet. Using Life to Manage Life*. Chicago: University of Minnesota Press, 2020.
14 Zu Ausnahmen siehe die anthropologische Studie von Peace, die sich speziell des Landes und der Landschaft annimmt, sowie die Studien von Puig de la Bellacasa und Krzywoszynska: A. Peace, „A Sense of Place, a Place of Senses. Land and Landscape in the West of Ireland", *Journal of Anthropological Research* 61 (2005) 4, S. 495–512; M. Puig de la Bellacasa, „Making Time for Soil. Technoscientific Futurity and the Pace of Care", *Social Studies of Science* 45 (2015) 5, S. 691–716; A. Krzywoszynska, „Caring for Soil Life in the Anthropocene. The Role of Attentiveness in More-than-human Ethics", *Transactions of the Institute of British Geographers* 44 (2019) 4, S. 661–675.
15 Cloke, „Country Backwater".
16 I. Convery u. a., „Death in the Wrong Place? Emotional Geographies of the UK 2001 Foot and Mouth Disease Epidemic", *Journal of Rural Studies* 21 (2005) 1, S. 99–109.

diese neueren Studien blickten mehr auf die Diversität von *more-than-human* Akteuren und ihre Neu- und Ausgestaltung ländlicher Räume. Polit-ökonomische Dimensionen, die Land und Landschaft prägen, rückten zugunsten der Komplexität dieser Akteursbeziehungen in den Hintergrund.[18]

Die Land Rush-Literatur brachte ländliche Politik machtvoll zurück – und dies nicht allein im Globalen Süden, sondern auch und besonders im Globalen Norden. Dabei kamen vorwiegend etablierte Konzepte wie Kommodifizierung, (neue) Einhegungen (*new enclosures*) und Akkumulation durch Enteignung (*accumulation by dispossession*) zur Anwendung. Die Literaturstränge zu Landschaft, *more-than-human natures* und „anderen" Beziehungen mit Land wurden nicht berücksichtigt. Insbesondere in den ersten Jahren der Land Rush-Debatte ging es vorwiegend darum, das Ausmaß globaler Landnahmen durch multinationale Konzerne, Finanzakteure und Staaten zu dokumentieren.[19] Dabei ergaben sich allerdings auch diverse konzeptionelle und methodologische Probleme, die von der Diversität und Fluidität in der Definition des Phänomens „Landnahme" bis hin zum Mangel an mit sozialwissenschaftlichen Methoden erhobenen empirischen Daten reichten, da zahlreiche Publikationen auf der Basis von Medienberichten erstellt wurden.[20] Auch halfen die polit-ökonomischen Konzepte der Einhegung und Akkumulation durch Enteignung zwar, globale Dynamiken und Mechanismen des Land Rush nachzuvollziehen, regionale Ungleichheiten und unterschiedliche ortsspezifische Entfaltungen von Landtransformationen wurden allerdings oftmals übergangen. Die „zweite Welle" der Land Rush-Forschung zielte daher darauf ab, längerfristige empirische Studien durchzuführen und verschiedene historische Kontexte einzubeziehen, um der Situiertheit und Multiplizität von Akteur:innen und ihren Beziehungen zu Land besser gerecht zu werden. In der jüngeren Vergangenheit sind einige Arbeiten entstanden, die ein differenzierteres Bild der Ungleichzeitigkeiten, Komplikationen und Widersprüchlichkeiten innerhalb aktueller Landtransformationen zeichnen.[21]

---

17 K.A. Jaenke, *Personal Dreamscapes as Ancestral Landscape*, San Francisco: California Institute of Integral Studies, 2001, PhD dissertation.
18 P. McCall Howard, „The Anthropology of Human-Environment Relations. Materialism with and without Marxism", *Focaal* 82 (2018), S. 64–79.
19 S. M. Borras u. a., „Towards a Better Understanding of Global Land Grabbing. An Editorial Introduction", *Journal of Peasant Studies* 38 (2011) 2, S. 209–216; L. Cotula, „The International Political Economy of the Global Land Rush. A Critical Appraisal of Trends, Scale, Geography, and Drivers", *Journal of Peasant Studies* 39 (2012) 3–4, S. 649–680.
20 M. Edelman, „Messy Hectares. Questions about the Epistemology of Land Grabbing Data", *Journal of Peasant Studies* 40 (2013) 3, S. 485–501.
21 Siehe u. a. S. Ouma, „Situating Global Finance in the Land Rush Debate. A Critical Review", *Geoforum* 57 (2014), S. 162–166; R. Pedersen und L. Buur, „Beyond Land Grabbing. Old Morals and

Auf dieser Literatur aufbauend legen wir nachfolgend das Augenmerk auf die Verräumlichungspraktiken, die mit diesen Landtransformationen einhergehen. Hierfür skizzieren wir zunächst einen Analyserahmen für die Untersuchung von Land und Praktiken der (Neu-)Verräumlichung.

New Perspectives on Contemporary Investments", *Geoforum* 72 (2016), S. 77–81; J. E. Goldstein und J. S. Yates, „Introduction. Rendering Land Investable", *Geoforum* 82 (2017), S. 209–211; L. Schoenberger, D. Hall und P. Vandergeest, „What happened when the Land Grab came to Southeast Asia?", *Journal of Peasant Studies* 44 (2017) 4, S. 697–725; P. Le Billon und M. Sommerville, „Landing Capital and Assembling ‚Investable Land' in the Extractive and Agricultural Sectors", *Geoforum* 82 (2017), S. 212–224, hier S. 214; Sippel und Visser, „Reimagining Land".

3 Land und Verräumlichungspraktiken

Um den Zusammenhang von Land und Praktiken der (Neu-)Verräumlichung zu untersuchen, beziehen wir uns auf den im SFB 1199 entwickelten Ansatz, der zwischen vielfältigen *Verräumlichungen* als Ergebnis jeglicher Art von sozialer Interaktion und *Raumformaten* als Formen verstetigter, institutionalisierter, performativ artikulierter und intersubjektiv reflektierter Räume unterscheidet.[1] Verräumlichungen und Raumformate entstehen dabei in enger Verflechtung mit Imaginationen, die ebendiese Raumformate oder aber deren Herausforderung und Modifikation enthalten können.

Der Begriff der Imaginationen ist hilfreich, um hervorzuheben, dass wirtschaftliche, finanzkapitalistische, politische oder kulturelle Interessen, die Akteur:innen innerhalb von Landprojekten verfolgen, nicht unmittelbar als das Ergebnis zunehmender Kommodifizierung und Finanzialisierung oder Mobilisierung und Widerstand zu sehen sind.[2] Alle diese Prozesse beinhalten vielmehr spezifische Vorstellungen von Land und damit verbundene Annahmen, Visionen, Ideen, Hoffnungen oder Träume im Hinblick darauf, was Land ist, sein kann oder sein soll. Diese Landimaginationen können hegemonial, unterdrückt oder marginalisiert werden. Sie können sowohl „normalisiert" als auch Kern für Anstoß und Widerstand sein und damit zum Mittel der Unterdrückung oder zur Triebfeder der Befreiung werden. Landimaginationen interagieren somit auf vielfältige Weise mit Praktiken der Verräumlichung und ihren Verstetigungen zu Raumformaten. In der Land Rush-Debatte wurden Landimaginationen lediglich implizit behandelt. Wir rücken sie ins Zentrum und fragen: Welche Landimaginationen gehen mit aktuellen Landtransformationen einher, wie entfalten sie sich und was hat dies für Implikationen?

Analytisch unterscheiden wir dabei zwei Dimensionen innerhalb von Imaginationen. Sie können Raumzusammenhänge erstens eher implizit abbilden und Verräumlichungspraktiken damit unterschwellig, unterbewusst oder unreflektiert beeinflussen. Auf diese Dimension zielt insbesondere der Begriff der *environmental imaginaries* in der Umweltgeschichte und Politischen Ökologie. Im Zentrum steht die Frage, wie Gesellschaften Natur und Umwelt kollektiv konstruieren,

---

1 Ergänzend dazu werden im Rahmen des SFB 1199 Raumordnungen untersucht, die sich im Ergebnis von Aushandlungsprozessen aus der Kombination verschiedener Raumformate ergeben. Raumordnungen werden in diesem Beitrag nicht betrachtet.
2 Sippel und Visser, „Reimagining Land".

interpretieren und über diese kommunizieren.³ Zweitens können Imaginationen Landprojekte explizit und bewusst vorantreiben, wenn Akteur:innen gezielt bestimmte (Neu-)Verräumlichungen von Land anstreben. In dieser zweiten Dimension wird Imaginieren als eine soziale Praxis verstanden, innerhalb derer sich Menschen andere oder neue Welten ausmalen und diese dann aktiv umzusetzen suchen.⁴ Imaginieren, so schreibt beispielsweise der britische Sozialanthropologe Tim Ingold, ist mehr als die reine Fähigkeit, mentale Bilder oder Repräsentationen zu konstruieren, es meint auch „to participate from within, through perception and action, in the very becoming of things".⁵ Diese aktive Komponente des Imaginierens ist auch in Jasanoffs Konzept der *sociotechnical imaginaries* angesprochen, die sie als „collectively held, institutionally stabilized, and publicly performed visions of desirable futures" definiert.⁶

Innerhalb dieser zweiten Dimension lassen sich zwei Arten des aktiven, expliziten Imaginierens unterscheiden. So können zum einen bereits existierende Landimaginationen auf neue Räume, Sphären oder Zeitperioden übertragen werden (beispielsweise die Ausbreitung der Konzeption von Land als Eigentum und Ware im Zuge der europäischen Kolonisation). Zum anderen können Landimaginationen als „Gegenimaginationen" entworfen werden, um bestehende oder dominante Imaginationen herauszufordern und zu ersetzen. Panikkar und Tollefson beschreiben eine solche alternative Form der Landimagination am Beispiel der Anti-Kieselminen-Koalition in Alaska.⁷ Diese hat unter anderem „Subsis-

---

3 R. Peet und M. Watts, *Liberation Ecologies. Environment, Development, Social Movements*, London: Routledge, 1996; J. T. Nesbitt und D. Weiner, „Conflicting Environmental Imaginaries and the Politics of Nature in Central Appalachia", *Geoforum* 32 (2001) 3, S. 333–349; A. McGregor, „Sustainable Development and ‚Warm Fuzzy Feelings'. Discourse and Nature within Australian Environmental Imaginaries", *Geoforum* 35 (2004) 5, S. 593–606; D. K. Davis, „Imperialism, Orientalism, and the Environment in the Middle East", in: D. K. Davis, E. Burke (Hrsg.) *Environmental Imaginaries of the Middle East and North Africa*, Athens: Ohio University Press, 2011, S. 1–22; T. Mitchell, „Are Environmental Imaginaries Culturally Constructed?", in: ebd., S. 265–273.
4 S. Daniels, „Geographical Imagination", *Transactions of the Institute of British Geographers* 36 (2011) 2, S. 182–187; J. Watkins, „Spatial Imaginaries Research in Geography. Synergies, Tensions, and New Directions", *Geography Compass* 9 (2015) 9, S. 508–522.
5 T. Ingold, „Introduction", in: M. Janowski und T. Ingold (Hrsg.) *Imagining Landscapes: Past, Present, and Future*, Farnham: Ashgate, 2015, S. 1–18, hier S. 3.
6 S. Jasanoff, „Imagined and Invented Worlds", in: S. Jasanoff und S.-H. Kim (Hrsg.), *Dreamscapes of Modernity. Sociotechnical Imaginaries and the Fabrication of Power*, Chicago: University of Chicago Press, 2015, S. 321–341, hier S. 322.
7 B. Panikkar und J. Tollefson, „Land as Material, Knowledge and Relationships: Resource Extraction and Subsistence Imaginaries in Bristol Bay, Alaska", *Social Studies of Science* 48 (2018) 5, S. 715–739.

tenzimaginationen" mobilisiert, um dominanten Imaginationen des Ressourcenextraktivismus entgegenzutreten.

Ergänzend zu diesen unterschiedlichen Dimensionen von Landimaginationen möchten wir den Zusammenhang zwischen Land und konkreten Praktiken der Verräumlichung sowie ihrem Gerinnen zu Raumformaten in den Blick nehmen. Im Zuge des *spatial turn* hat sich in den Sozialwissenschaften das Verständnis von Raum grundlegend gewandelt. Raum wurde nicht mehr als „gegeben" betrachtet, sondern als menschengemacht. Verräumlichung wurde damit zentrale Dimension und Resultat menschlichen Handelns zugleich. Der Fokus auf den sozialen Raum hat allerdings dessen physische Komponenten zeitweise in den Hintergrund treten lassen – teils konnte der Eindruck entstehen, Raum sei allein „sozial" verfasst und entbehre jeglicher materiellen Qualität. Im Zuge des New Materialism haben Bezüge auf die physische und gebaute Welt und ihre komplexe Interaktion oder Ko-Produktion mit dem Sozialen eine neue Bedeutung erfahren. Diese schlagen sich, so Rao, auch in einer Erweiterung der Raumtheorie in den Sozialwissenschaften nieder. Die physische Einbettung räumlichen Handelns werde konsequenter in einem komplexen Konstruktionsbegriff erfasst, der die dialektische Beziehung von Raum als sowohl sozio-materiell vorgegeben als auch gemacht zu denken vermag.[8] So wird beispielsweise nach den Rückkopplungseffekten zwischen den Aktivitäten intentionaler und nicht-intentionaler Akteur:innen, der raumgestaltenden Wirkung der Neujustierung der Beziehungen zwischen Menschen, Tieren, Mikroben oder Landschaften, oder dem Aufforderungscharakter physischer Räume gefragt.

Die Verschmelzung sozio-kultureller, polit-ökonomischer und physisch-materieller Dimensionen von Land unterstreicht diese Erweiterung des Raumbegriffs. Wir haben eingangs bereits auf die vielschichtigen Dimensionen von Land verwiesen – als unabdingbar für das menschliche Überleben, Symbol von Identität und Zugehörigkeit ebenso wie Eroberung und Vertreibung. Prozesse der Territorialisierung – Imperialismus, Kolonialismus, Nationenbildung – sind aufs Engste mit Land verflochten und dies sehr viel stärker als – so lässt sich argumentieren – mit anderen Naturelementen. Sogar Wasser – ebenfalls von großer sozio-kultureller Bedeutung und unabdingbar für das Überleben von Menschen – ist weniger ein Symbol für Territorialität und Identität. Land hat zugleich eine Reihe physisch-materieller Eigenschaften, die für die Möglichkeiten seiner Verräumlichung und seine Integration in Verräumlichungsprozesse zentral sind. Eine Eigenschaft

---

[8] U. Rao, *Praktiken der Verräumlichung* (Dialektik des Globalen, Kernbegriffe, 8), Berlin: De Gruyter Oldenbourg, 2021 (im Erscheinen). Siehe auch S. Low, *Spatializing Culture. The Ethnography of Space and Place*, New York: Routledge, 2017.

von Land ist sein verhältnismäßig „fester" und beständiger Zustand.[9] Tiere bewegen sich. Pflanzen wachsen, dehnen sich aus und werden über weite Strecken hinweg als Holz und Biomasse bewegt. Auch unterirdische Ressourcen wie Öl oder Mineralien werden über den Globus transportiert. Die Materialität von Land verhindert diese Art des Transports weitgehend, was seine Mobilität – zumindest über die Lebensspanne eines Menschen hinweg – stark einschränkt. Land bleibt auch dann noch übrig, wenn eine Schicht des Landes (oder Erdbodens) abgetragen wird.[10] Land fungiert ebenfalls häufig als „Geburtsort" anderer Ressourcen. Es bringt als Agrarland oder Wald vielfältige Ackerfrüchte hervor, kann zahlreiche Mineralien enthalten und hat jüngst durch seine Fähigkeit (in Kombination mit Pflanzen), Kohlenstoffdioxid aus der Atmosphäre zu speichern, an Wert gewonnen. Land ist darüber hinaus – im Gegensatz zu anderen subterranen Ressourcen – eine erneuerbare Ressource in seinen Funktionen als Agrarland, Waldland, Biogasland oder Land für Solaranlagen und Windräder (sofern es nachhaltig genutzt wird). Die Materialität von Land spendet Leben, erlaubt das Anbauen, Sammeln und Jagen von Nahrung und ermöglicht den Bau einer Behausung zum Wohnen. Kurzum, menschliches Leben ist undenkbar ohne Land, insbesondere in seiner physio-materiellen Dimension. Nicht zuletzt vor dem Hintergrund ebendieser vielfältigen physio-materiellen Eigenschaften wurde Land in den meisten menschlichen Zusammenhängen über Raum und Zeit hinweg ein besonders hoher Wert zugesprochen.

Wie nun wird Land im Zuge aktueller Landtransformationen (re-)imaginiert und (neu) verräumlicht? Vier mit einander verflochtene Dimensionen der (Re-)

---

9 Wenngleich sehr viel beständiger und „fester" im Vergleich zu anderen Naturelementen, so lässt sich auch die Festigkeit oder Beständigkeit von Land diskutieren. Es existieren durchaus Landimaginationen, die einen eher fluiden Charakter von Land betonen, beispielsweise imaginieren Bauern in der stark von Erosion betroffenen mexikanischen Bergregion Patzcuaro Basin Land als beweglich (Barrera-Bassols und Zinck, ‚Land Moves and Behaves'). Auch Sud hat jüngst die Nicht-Festigkeit (*unfixity*) von Land in der Politik des indischen Staates beschrieben (N. Sud, „The Unfixed State of Unfixed Land", *Development and Change* 51 [2019] 5, S. 1–24). Ebenso können die Grenzen zwischen Land und Wasser durchaus fluide sein (T. Richardson, „Where the Water Sheds. Disputed Deposits at the Ends of the Danube", in: M. Bozovic und M. D. Miller [Hrsg.], *Watersheds. The Poetics and the Politics of the Danube River*, Boston: Academic Studies Press, 2016, S. 307–336; T. Richardson, „The Terrestrialization of Amphibious Life in a Danube Delta ‚Town on Water'", *Suomen Antropologi: Journal of the Finish Anthropological Society* 43 [2018] 2, S. 3–29; L. Cortesi, „The Muddy Semiotics of Mud", *Journal of Political Ecology* 25 [2018], S. 617–637).

10 Außer in Fällen, in denen solche Mengen von Land abgetragen werden, dass Gewässer entstehen, zum Beispiel durch Tagebau.

Imagination und (Neu-)Verräumlichung von Land lassen sich im Rahmen aktueller Landprojekte identifizieren:
1. die Neu-Formatierung von Land im Zuge der Schaffung neuer Anlagegeographien,
2. die besonderen Herausforderungen, die die Materialität von Land an seine Verräumlichung stellt,
3. die De- und Re-Regulierung von Land vor dem Hintergrund der Zunahme ausländischer Landkäufe und
4. lokale Aushandlungen und transregionale Mobilisierungen im Kontext von Land.

4 Neu-Formatierungen von Land als Anlagegeographien

War der Finanzsektor historisch zumeist als Finanzgeber landwirtschaftlicher Projekte aktiv, so entstand Mitte der 2000er Jahre vor dem Hintergrund steigender Rohstoffpreise und schwächelnder „traditioneller" Anlageklassen ein neues Interesse an direkten Investitionen in Land und Landwirtschaft. Agrarland sollte als alternative Finanzanlageklasse etabliert werden. Die damit einhergehenden Re-Imaginationen und Neu-Verräumlichungen von Land lassen sich als ein Aspekt der globalen Ausdehnung des Finanzkapitalismus interpretieren, in dessen Zuge neue Anlagegeographien (*asset geographies*) geschaffen und sozio-materielle Räume für eine finanzkapitalistische In-Wert-Setzung imaginiert und zugleich um- und neu-formatiert werden.

Diese Ausdehnung des Finanzsektors in buchstäblich neues „Territorium" wurde in der Literatur als „Finanzialisierung" von Land diskutiert. Das Konzept der Finanzialisierung wurde mit Beginn der 2000er Jahre in den Sozialwissenschaften populär und bezieht sich in seiner breitesten Definition auf die zunehmende Bedeutung von Finanzkapital, -märkten, -logiken und -motiven innerhalb von Wirtschaft, Politik und Gesellschaft.[1] Van der Zwan unterscheidet zwischen drei zentralen Literatursträngen innerhalb der wachsenden Finanzialisierungsliteratur.[2] Finanzialisierung wird erstens als neues Regime kapitalistischer Akkumulation konzeptualisiert, innerhalb dessen Profite zunehmend über Finanzströme (und nicht über Produktionswege) generiert werden.[3] Zweitens wird Finanzialisierung als eine neue Form der Unternehmensführung verstanden, innerhalb derer die Interessen von Kapitalanleger:innen zunehmend die Unternehmensführung bestimmen (*shareholder value capitalism*). Ein dritter Strang untersucht schließlich aus kultur-ökonomischer Perspektive, wie Individuen und Haushalte zunehmend in Finanzlogiken eingebunden werden (beispielsweise über Privatkredite, Hypotheken, private Rentenvorsorgesysteme und Financial Literacy Programme). Allen drei Literatursträngen, schreibt van der Zwan, ist gemeinsam, dass dem Finanzsektor eine besondere Rolle innerhalb der gegen-

---

[1] G. Epstein (Hrsg.), *Financialization and the World Economy*, Cheltenham: Edward Elgar, 2005.
[2] N. van der Zwan, „Making Sense of Financialization", *Socio-Economic Review* 12 (2014), S. 99–129.
[3] Vertreter:innen sind hier u. a. Giovanni Arrighi (G. Arrighi, *The Long Twentieth Century. Money, Power, and the Origins of our Times*, London: Verso, 1994) und die Soziologin Greta Krippner (G. R. Krippner, *Capitalizing on Crisis. The Political Origins of the Rise of Finance*, Boston: Harvard University Press, 2011).

wärtigen Transformation des Kapitalismus zugeschrieben wird: „Finance becomes politicized in this scholarship: its practice is not the neutral allocation of capital, but rather an expression of class, a control mechanism, or even a rationality associated with late twentieth-century capitalism".[4]

Diese Beobachtung trifft auch auf die Debatten zur Schnittstelle zwischen Land und Finanzsektor zu. War der Finanzsektor jahrzehntelang ein eher marginaler Faktor in den Agri-Food-Studies, so wurde er im Rahmen der Land Rush-Debatte politisiert. Über seine historische Rolle als Kapitalgeber landwirtschaftlicher Projekte hinaus gewann der Finanzsektor einen neuen Stellenwert: Er wird nicht mehr als „neutral" betrachtet, sondern als einflussreicher Akteur in den Blick genommen, der neue Dynamiken repräsentiert und das globale Ernährungssystem machtvoll umgestaltet. Nachfolgend skizzieren wir zunächst, wie dieses neue Interesse an Land finanztheoretisch formuliert wurde, und geben anschließend einen Überblick über konkrete Formen und Projekte der (Neu-)Verräumlichung im Zuge der Finanzialisierung von Land.

4.1 Finanztheoretische Konzeptionen von Land als Anlageklasse

Der Begriff des Anlageobjekts (*asset*) bzw. vielmehr das aktive Kreieren von Anlageobjekten (*assetization*) lässt sich als ein Prozess verstehen, der auf der Kommodifizierung und Vermarktlichung von Objekten beruht; er geht aber über diese hinaus, indem er ergänzend auf die Umwandlung dieser Objekte in zukünftig einkommensgenerierende und handelbare Ressourcen abzielen.[5] Im Hinblick auf die Konstruktion von Agrarland als Anlageklasse lassen sich einerseits eine Reihe finanztheoretischer Annahmen und andererseits makro-ökonomische Dynamiken identifizieren, die in den 2010er Jahren zusammenkamen.[6] Eine erste Dynamik ist die oben bereits erwähnte schwache Entwicklung traditioneller Anlageklassen und die damit einhergehende Suche nach „realen" Anlageklassen, die im Fall von Land durch den starken Anstieg von Rohstoffpreisen in den 2000er Jahren befördert wurde. Das Interesse an „konkreten", materiellen Anlageklassen lässt sich damit in den größeren Zusammenhang der Suche nach verlässlichen Anlageobjekten Mitte der 2000er Jahre einordnen. Diese ist wie-

---

[4] Van der Zwan, „Making Sense of Financialization", S. 102.
[5] K. Birch, „Rethinking Value in the Bio-Economy. Finance, Assetization, and the Management of Value", *Science, Technology, & Human Values* 42 (2017) 3, S. 460–490.
[6] Gertel und Sippel, *Seasonal Workers*.

derum ein Resultat der makro-ökonomischen Situation seit Mitte der 1990er Jahre, in der sich niedrige Zinssätze mit geringer Inflation, niedrigen Renditen und entsprechend hoher Liquidität kombinierten.[7] „Reale" Anlageobjekte erfuhren einen Investmentboom, wie die starke Nachgefrage nach Infrastrukturinvestitionen zeigte (u. a. Autobahnen, Flughäfen, öffentliche Wasserversorgung). Im Zuge der globalen Finanzkrise von 2007/08 und den damit einhergehenden Verwerfungen auf den internationalen Aktien- und Kapitalmärkten wurde Land zum Inbegriff einer neuen, als „Rückkehr zum Realen" beschriebenen Finanz- und Anlagelogik.[8]

Dieser makroökonomische Kontext wird zweitens durch Annahmen zu den positiven Auswirkungen landwirtschaftlicher Einkommensflüsse auf die Renditeentwicklung von Portfolios ergänzt.[9] In diesem Zusammenhang wurde häufig angeführt, dass Land, historisch gesehen, schwach oder negativ mit traditionellen Anlageklassen korrelierte und positive Risiko-Gewinn-Eigenschaften aufwies. Beide Eigenschaften, so die Annahme, tragen zu einer positiveren Gesamtperformance von Anlageportfolios bei. Hervorgehoben wurde ebenfalls die begrenzte Verfügbarkeit von Land vor dem Hintergrund von Klimawandel und steigender Nachfrage nach Lebensmitteln. Beide Faktoren, so die Argumentation, lassen eine Wertsteigerung von Land erwarten. Nicht zuletzt wird der Anlagewert von Land – im Gegensatz zu anderen Anlageklassen – in der Kombination aus produktiven Eigenschaften und Wertsteigerung gesehen. Stark vereinfacht ausgedrückt, bestehen Landrenditen somit aus finanzökonomischer Sicht aus zwei Teilen.[10] Ein Teil ist die Einkommensrendite, die als der Teil der Rendite definiert wird, der über Einkünfte aus dem landwirtschaftlichen Betrieb generiert wird. Der zweite Teil der Rendite ist die Kapitalrendite, welche über die Wertentwicklung des Lands generiert wird. Auf diesen Annahmen basierend werden Investitionsmodelle in Land konstruiert, die diese Einkommensflüsse unterschiedlich kombinieren. Gängige Modelle sind das *own-lease-out*-Modell, welches Renditen über Kapitalgewinne in Ergänzung mit Einkünften aus Verpachtung generiert, und das *own-operate*-Modell, welches Kapital- und Bewirtschaftungseinkünfte kombiniert. Soweit die Theorie – in der Praxis existieren vielfältige Kombinationen dieser unterschiedlichen Formen von Einkommensströmen, und auch Investitionsstra-

---

7 A. Leyshon und N. Thrift, „The Capitalization of Almost Everything. The Future of Finance and Capitalism", *Theory, Culture, and Society* 24 (2007) 7–8, S. 97–115.
8 N. Larder, S. R. Sippel und N. Argent, „The Redefined Role of Finance in Australian Agriculture", *Australian Geographer* 49 (2018) 3, S. 9.
9 Gertel und Sippel, *Seasonal Workers*.
10 M. Painter und C. Eves, „The Financial Gains from Adding Farmland to an International Investment Portfolio", *Journal of Real Estate Portfolio Management* 14 (2008) 1, S. 63–73.

tegien unterscheiden sich erheblich je nach Finanzakteur und Investitionskontext.

4.2 (Neu-)Verräumlichungen von Land im Kontext der Finanzialisierung

Finanzinvestitionen in Land wurden durch verschiedene staatliche und private Finanzakteure, Kapitalanleger und diverse Investitionsinstrumente vorangetrieben. Diese können unterschiedliche rechtliche Formen annehmen, von Farmland Investment, Private Equity und Hedgefonds über Real Estate Management Trusts bis hin zu Investitionen in private oder börsennotierte Unternehmen. Diese Finanzakteure verfolgen diverse Investitionsstrategien und lassen vielfältige Anlagegeographien der Neuverräumlichung von Land entstehen, wie die nachfolgenden Beispiele illustrieren.

Staatsfonds repräsentieren eine verhältnismäßig homogene „nationale" Kapitalsorte und verfolgen – zumindest in der Rhetorik – zumeist längerfristige Investitionsprojekte. Ihre Interessen sind zudem häufig an der Schnittstelle zwischen Geopolitik und Kapitalanlage einzuordnen, weshalb wir diese Form der Finanzialisierung von Land als „strategische Finanzialisierung" bezeichnet haben.[11] Am Beispiel der Staatsfonds aus den arabischen Golfstaaten und China – die globale Landinvestitionen direkt und indirekt vorangetrieben haben – lässt sich zeigen, dass diese finanz-ökonomische und strategische Ziele zugleich verfolgen. Staatsfonds nehmen eine doppelte Rolle ein, indem sie sowohl Renditen für ihren Anleger – in diesem Fall den Staat – erzielen sollen, als auch geopolitisch strategische Funktionen übernehmen. Diese reichen von der Sicherung der Ernährungssicherheit ihrer Bevölkerung über exterritoriale Landinvestitionen hin zur Aufrechterhaltung sozialer Stabilität im Inland. Staatsfonds lassen sich somit als neue hybride Akteure verstehen, die in den vergangenen Jahren verstärkt in natürliche Ressourcen investiert haben und deren Aufschwung auf den neuen Einfluss von mittlerweile ebenfalls finanzialisierten Staatsakteuren innerhalb des Ernährungssystems verweist.

Auch Rentenfonds repräsentieren Kapital einer nationalen Herkunft und verfolgen ebenso wie Staatsfonds tendenziell langfristigere Investitionen. Es handelt sich jedoch um Kapital, das der Erzielung von Renditen für private An-

---

[11] S. R. Sippel, M. Böhme und C. Gharios, „Strategic Financialization? The Emergence of Sovereign Wealth Funds in the Global Food System", in: H. Bjørkhaug, A. Magnan und G. Lawrence (Hrsg.), *Financialisation, Food Systems, and Rural Transformation*, London: Routledge, 2018, S. 62–84.

leger:innen und deren Rentenabsicherung dient. Das Investitionsmandat von Rentenfonds ist in der Regel stark rechtlich reglementiert, was erhebliche Auswirkungen auf ihre Investitionsstrategien hat. So haben beispielsweise die rechtlichen Rahmenbedingungen für Rentenfondsinvestitionen in Australien (in Kombination mit anderen Faktoren) dazu geführt, dass australische Rentenfonds bisher kaum in australisches Land investiert haben. Rentenfonds aus den USA und Kanada haben hingegen erhebliche Landflächen in Australien erworben. Im Gegensatz zu Staats- und Rentenfonds sind Investitionen von Farmland Investment oder Private Equity Fonds ein Schmelztiegel vielfältiger nationaler, öffentlicher und privater Finanzkapitalsorten, die innerhalb spezifischer und zumeist eher kurzfristiger Zeithorizonte operieren (fünf bis sieben Jahre) und auf schnelle Wertsteigerung abzielen.[12]

In Ergänzung zu diesen unterschiedlichen Finanzkapitalsorten lassen sich spezifische „Anlagegeographien" identifizieren, die die „Investierbarkeit" von Land in unterschiedlichen Investitionskontexten in Abhängigkeit von ökonomischen, rechtlichen, politischen, sozialen, infrastrukturellen, landwirtschaftlichen und klimatischen Faktoren konstruieren. Investmentkontexte des Globalen Nordens (v. a. Nordamerika, Australien, Neuseeland) werden in der Regel als weniger „risikobehaftet" konstruiert als Kontexte des Globalen Südens,[13] die vielmehr als *emerging markets* oder *frontiers* von Interesse sind. Daniel hat aufgezeigt, dass Südkontexte insbesondere von Private Equity Kapital avisiert und dabei von internationalen Entwicklungsorganisationen wie der World Bank Group unterstützt werden.[14] Da tendenziell konservativere Rentenfonds einen Großteil des investierten Kapitals repräsentieren, verwundert es nicht, dass sich das Gros der Finanzinvestitionen in Land insgesamt mit mehr als 80 Prozent des angelegten Kapitals auf den Globalen Norden (USA, Kanada, Australien, Neuseeland) sowie Brasilien konzentriert.[15] Investitionsrisiken werden allerdings gegenüber potentiellen Gewinnchancen abgewogen. Investitionsstrategien können daher unter-

---

[12] S. Daniel, „Situating Private Equity Capital in the Land Grab Debate", *The Journal of Peasant Studies* 39 (2012) 3–4, S. 703–729.
[13] T. M. Li, „Transnational Farmland Investment. A Risky Business", *Journal of Agrarian Change* 15 (2015) 4, S. 560–568.
[14] Daniel, „Situating Private Equity Capital". Siehe auch M. Dixon, „The Land Grab, Finance Capital, and Food Regime Restructuring. The Case of Egypt", *Review of African Political Economy* 41 (2014) 140, S. 232–248.
[15] I. Luyt, N. Santos und A. Carita, *Emerging Investment Trends in Primary Agriculture. A Review of Equity Funds and other Foreign-led Investments in the CEE and CIS Region*, Rome: FAO, 2013, S. 32. – Diese Konzentration von Investitionen im Globalen Norden steht den im Rahmen der Land Rush-Debatte stärker problematisierten Südkontexten entgehen.

schiedliche Investitionsregionen und deren „Risiko-Gewinn-Chancen" kombinieren. Die Investitionsstrategie des US-basierten Rentenfonds TIAA-CREF (Teachers Insurance and Annuity Association – College Retirement Equities Fund), der Landrenditen aus den USA, Brasilien, Australien und Osteuropa verschmilzt, ist ein Beispiel für die Verschränkung unterschiedlicher Investitionsräume zu globalen Anlagegeographien.[16]

Zusammenfassend wird Land im Zuge der Finanzialisierung in globale Anlagegeographien eingebunden und je nach Anlagestrategie und -interesse unterschiedlich neu „formatiert" – es entstehen vielschichtige und heterogene Anlagegeographien. Diese Neuformatierung von Land als Finanzanlageklasse verläuft jedoch keineswegs immer glatt und unproblematisch. Sie trifft vielmehr auf diverse materielle, regulative und normativ-moralische Hürden, die wir nachfolgend diskutieren.

---

16 S. R. Sippel und M. Böhme, „Dis/Articulating Agri-food Spaces. The Multifaceted Logics of Agro-investments", in: M. Middell und S. Marung (Hrsg.), *Spatial Formats Under the Global Condition* (Dialectics of the Global, 1), Berlin: De Gruyter Oldenbourg, 2019, S. 336–360.

5 Land und Materialität

„Land is not like a mat. You cannot roll it up and take it away."[1] Mit diesem Bild von Land als Matte, die nicht einfach zusammengerollt und an einen anderen Ort getragen werden kann, erinnert uns die kanadische Kulturanthropologin Tania Li an ein wesentliches Charaktermerkmal raumbezogener Neuaushandlungsprozesse um Land. Land, so die vermeintlich offensichtliche, aber dennoch häufig übersehene Erkenntnis Lis, ist materiell und physisch greifbar. Die Materialität und örtliche Fixiertheit von Land bedeutet, wie oben ausgeführt, dass Land im Gegensatz zu anderen natürlichen Ressourcen weder „abgebaut", noch „verpflanzt" oder an anderer Stelle „verwertet" werden kann. Die mit großflächigen Landinvestitionen einhergehenden Kommodifizierungs-, Assetisierungs- und Inwertsetzungsprozesse sind somit eng an die zeit-räumlichen Grenzen agrarischer Produktion gebunden.

Trotz dieser so augenscheinlich zentralen Eigenschaft von Land wurde die Bedeutung seiner Materialität für die Raumpraxis großflächiger Agrarinvestitionen bislang selten in den Blick genommen. Die Literatur zum globalen Land Rush problematisierte vor allem die mit dem Erwerb von Agrarflächen einhergehenden Verteilungs- und Nutzungspolitiken und stellte damit Dimensionen wie Territorium, Besitz und Eigentum in den Vordergrund. Materielle und biophysische Aspekte von Land – über die natürliche Beschaffenheit des Bodens, den Einfluss des Klimas, bis hin zu agrarischen Praktiken wie der Verwendung von oder dem Verzicht auf Chemikalien – blieben in der Analyse meist außen vor.[2] In diesem Abschnitt diskutieren wir die Rolle, die die spezifische Materialität von Land im Kontext aktueller Landtransformationen spielt. Wir skizzieren zunächst die besondere Gebundenheit von Land und Landwirtschaft an materielle und biologische Prozesse und geben im Anschluss drei Beispiele für die Verflechtung von Land und Materialität im Kontext der Finanzialisierung von Land.

---

[1] Li, „What is Land?".
[2] D. Münster und J. Poerting, „Land als Ressource, Boden und Landschaft. Materialität, Relationalität und neue Agrarfragen in der Politischen Ökologie", *Geographica Helvetica* 71 (2016), S. 245–257. Auch das kürzlich erschienene Sonderheft der Fachzeitschrift *Agriculture and Human Values* betrachtet die Bedeutung der Materialität von Land und Boden im Kontext von Landinvestitionen, siehe Sippel und Visser, „Reimagining Land".

5.1 Land und Landwirtschaft als biologische Systeme

Die Vernachlässigung der Rolle materieller und biophysischer Aspekte für Erscheinungsformen und Auswirkungen der globalen Landnahme ist bemerkenswert, da die Produktivität von Land in einem Umfang, wie dies vielleicht bei keiner anderen natürlichen Ressource der Fall ist, an Ort und Zeit gebunden ist. Während landwirtschaftliche Produkte im Zuge der fortschreitenden Globalisierung von Handels- und Warenketten zunehmend aus ortsgebundenen Interaktionszusammenhängen herausgelöst werden[3] – und die Konsumtion von agrarischen Gütern damit zeit-räumlich entgrenzt wird –, bleibt die landwirtschaftliche Produktion selbst an saisonale und biophysische Wachstums- und Arbeitszyklen gebunden. Jahreszeitliche Schwankungen, Extremwetterereignisse oder das Auftreten von Schädlingen setzen der landwirtschaftlichen Intensivierung und Output-Generierung natürliche Grenzen und stellen aus Sicht von Investoren ein nicht unerhebliches Investitionsrisiko dar.[4] Die materielle Ortsgebundenheit von Land und Landwirtschaft steht hierbei in einem zunehmenden Spannungsverhältnis mit den auf landwirtschaftlicher Produktion beruhenden Waren- und Finanzflüssen innerhalb des globalen Ernährungssystems. Gertel und Sippel sprechen in diesem Zusammenhang von einer „Ungleichheit" raum-zeitlicher Logiken innerhalb landwirtschaftlicher Austauschprozesse: Dem materiellen Austausch landwirtschaftlicher Güter über weite räumliche Distanzen hinweg sowie der virtuellen, oftmals sekundenschnellen Transaktion von Finanzflüssen an den Agrar-Terminmärkten der Welt steht ein landwirtschaftlicher Produktionsprozess gegenüber, der weiterhin von Saisonalität und lokalen Wachstumszyklen geprägt ist.[5]

Die Erkenntnis, dass sich die der Landwirtschaft innewohnende „Logik des Lebenden"[6] immer wieder den Akkumulationsanforderungen kapitalistischer

---

[3] C. Reiher und S. R. Sippel, „Einleitung. Umkämpftes Essen in globalen Kontexten", in: C. Reiher und S. R. Sippel (Hrsg.), *Umkämpftes Essen: Produktion, Handel und Konsum von Lebensmitteln in globalen Kontexten*, Göttingen: Vandenhoeck & Ruprecht, 2015, S. 9–37, hier S. 18.
[4] B. Kuns, O. Visser und A. Westfält, „The Stock Market and the Steppe. The Challenges Faced by Stock-Market Financed, Nordic Farming Ventures in Russia and Ukraine", *Journal of Rural Studies* 45 (2016), S. 199–217.
[5] J. Gertel und S. R. Sippel, „The Financialisation of Agriculture and Food", in: M. Shucksmith und D. L. Brown (Hrsg.), *Routledge International Handbook of Rural Studies*, New York: Routledge, 2016, S. 215–226.
[6] F. Jacob, *La Logique du Vivant. Une Histoire de l'Hérédité*, Paris: Gallimard, 1974, zitiert in J. Auderset und P. Moser, *Die Agrarfrage in der Industriegesellschaft. Wissenskulturen, Machverhältnisse und natürliche Ressourcen in der agrarisch-industriellen Wissensgesellschaft (1850–1950)*, Köln: Böhlau, 2018, S. 28.

Wachstumsgesellschaften entzieht, ist nichts Neues. Bereits seit dem Aufkommen der sogenannten „Agrarfrage" in der zweiten Hälfte des 19. Jahrhunderts wurde deutlich, dass sich die Landwirtschaft aufgrund ihrer Naturabhängigkeit der vollständigen Standardisierung, Technisierung, Monetarisierung und Industrialisierung – kurz, den Produktionsparadigmen des modernen Industriekapitalismus – nicht bruchlos und allumfassend unterordnen lässt.[7] Agrarsoziolog:innen sprachen daher von einem „Exzeptionalismus" der Landwirtschaft,[8] da sich diese nicht nahtlos in die Verwertungsprozesse moderner Wachstumsgesellschaften einpassen lasse. Noch in den späten 1990er Jahren ging man davon aus, dass trotz der zunehmenden Macht von Konzernen innerhalb des Ernährungssystems die landwirtschaftliche Primärproduktion selbst wenig attraktiv für Industrie- und Finanzinteressen sei und somit auf absehbare Zeit in den Händen von Familien- und Kleinbetrieben verbleiben würde – freilich bei zunehmender Unterwerfung solcher Betriebe unter die Zwänge kapitalistischer Wachstumslogiken in Form der Ausweitung vertragslandwirtschaftlicher Beziehungen zwischen bäuerlichen Betrieben und der von Großkonzernen geprägten Verarbeitungsindustrie.[9]

Umso erstaunlicher erscheint vor diesem Hintergrund das neu erwachte Interesse kaufkräftiger Akteure aus Industrie und Finanzwirtschaft an der Agrarproduktion. Das Argument, dass es den Akteuren dieses gegenwärtigen Land Rushs vor allem um den lukrativen Wiederverkauf des Landes zu gestiegenen Bodenpreisen – also eher um eine Form der „virtuellen" als „materiellen" Akkumulationslogik – ginge, greift hier zu kurz. Kapitalwertsteigerungen ländlicher Flächen sind, wenn man von Fällen der Spekulation auf Landnutzungsänderung (der Umwandlung von günstigerem Agrarland in teureres Bauland) absieht, stets auch an materielle Faktoren wie die Produktivität und den Output der jeweiligen Agrarflächen gebunden. Dies bedeutet im Umkehrschluss, dass auch Investoren mit einem eher kurzfristigen Anlagehorizont, wie Private Equity Fonds, ein nicht unerhebliches Maß an Arbeit und Kreativität in die Organisation und Kontrolle von materiellen Produktionsprozessen auf den von ihnen erworbenen Agrarflächen investieren, wie Ouma am Beispiel Tansanias aufzeigt.[10] Aus dem histori-

---

[7] Ebd., S. 27–28.
[8] S. Mann und J. Dickinson, „Obstacles to the Development of a Capitalist Agriculture", *Journal of Peasant Studies* 5 (1987) 4, S. 466–481.
[9] R. C. Lewontin, „The Maturing of Capitalist Agriculture. Farmer as Proletarian", in: F. Magdoff, J. B. Foster und F. H. Buttel (Hrsg.), *Hungry for Profit. The Agribusiness Threat to Farmers, Food, and the Environment*, New York: Monthly Review Press, 2000, S. 93–106. Siehe auch W. D. Heffernan, „Concentration of Ownership and Control in Agriculture", in: ebd., S. 61–75.
[10] S. Ouma, *Farming as Financial Asset. Global Finance and the Making of Institutional Landscapes*, Newcastle upon Tyne: Agenda Publishing, 2020.

schen Blickwinkel der Agrarfrage betrachtet ist der gegenwärtige Ansturm finanzkräftiger Investoren auf Agrarland damit nicht nur empirisch, sondern auch theoretisch ein bemerkenswertes Phänomen.

Dass sich Investoren trotz der historischen „Widerständigkeit" der Landwirtschaft gegenüber den zeit-räumlichen Verwertungslogiken des modernen Kapitalismus derzeit verstärkt auf den Erwerb von Agrarland konzentrieren, ist jedoch – wie oben erwähnt – paradoxerweise auch den materiellen und biophysischen Eigenschaften von Land selbst geschuldet. Als greifbare, beständige und in Zeit und Raum eindeutig zu verortende Ressource erscheint Land im Vergleich zu den oftmals hochgradig intransparenten und „virtuellen" Anlageprodukten internationaler Finanzmärkte von eher geringer Komplexität. Land galt als sichere Anlageklasse – nicht trotz, sondern gerade aufgrund seiner Materialität. Doch auch für die finanzökonomischen Inwertsetzungsprozesse, die sich im Kontext des neuen Ansturms auf Land beobachten lassen, spielen materielle und biophysische Eigenschaften von Land eine entscheidende Rolle. Drei Formen dieser in der Materialität von Land verankerten Wertzuschreibungen sollen im Folgenden detaillierter aufgezeigt werden.

5.2 Verknappungsdiskurse

Eine Kerndimension der Inwertsetzung von Agrarland im Kontext des gegenwärtigen Land Rushs ist die Kultivierung eines Alarmszenarios: das Schwinden ländlicher Flächen und damit einhergehende Engpässe in der Versorgung der Weltbevölkerung mit Nahrungsmitteln. Innerhalb der Investorendiskurse wurden globales Bevölkerungswachstum, eine steigende Nachfrage nach Anbauflächen für Agrarbrennstoffe im Kontext von Peak Oil und Klimawandel sowie sich wandelnde Ernährungsgewohnheiten in asiatischen Schwellenländern als Haupttriebkräfte dieser prognostizierten Verknappung von Agrarland identifiziert. Steil ansteigende Preise für Lebensmittel wie zuletzt während der globalen Nahrungsmittelpreiskrisen von 2007/08 und 2011 sowie die gesteigerte Investitionstätigkeit „neuer" Akteure aus dem Nahen Osten (zum Beispiel Katar) und Asien (zum Beispiel China) im globalen Ernährungssystem seien Belege, so das gängige Narrativ, für die zunehmende Knappheit von Land und eine global steigende Nachfrage nach Nahrungsmitteln. Die Behauptung einer existenzbedrohenden Verknappung von Land geht einher mit gesteigerten Renditeerwartungen. Als materiell begrenzte Ressource lassen Investitionen in Land und die Primärproduktion von Nahrungsmitteln in diesem Szenario nicht nur auf stabile, sondern gar auf wachsende Einkommensströme hoffen – eine Inwertsetzungslogik, die in internationalen Investorenzirkeln häufig mit dem Mark Twain zugeschriebenen Ausspruch „buy land, they're not making it anymore" zum Ausdruck gebracht wird.[11]

Dass Ressourcenknappheit kein rein „natürliches" Phänomen, sondern auch sozial produziert und von Machtungleichheiten durchdrungen ist, wird hierbei von involvierten Finanzakteuren wie auch politisch Verantwortlichen genauso übersehen wie die Tatsache, dass Verknappungsdiskurse nicht immer den tatsächlichen Gegebenheiten vor Ort entsprechen. So zeigten Kuns u. a. am Beispiel der Investitionen skandinavischer Agrarkonzerne in Russland und der Ukraine, dass die Nachfrage nach Agrarland in diesen Regionen deutlich hinter den Erwartungen des von Investorenkreisen konstruierten Alarmszenarios zurückblieb – mit entsprechend negativen Auswirkungen, so zumindest aus Sicht der beteiligten Finanzakteure, auf Bodenpreissteigerungen und Renditeerwartungen.[12]

5.3 Bodenfruchtbarkeit und Produktivität

Neben der tatsächlichen oder diskursiv erzeugten Knappheit von Land und den sich daraus ergebenden Erwartungen an Bodenpreissteigerungen ist das Rekurrieren auf grundlegende materielle Eigenschaften von Land eine weitere wichtige Dimension bei der Inwertsetzung von Land als Investitionsobjekt.[13] Zu diesen materiellen Eigenschaften zählen neben Bodenbeschaffenheit und Fruchtbarkeit auch geomorphologische Aspekte einer Ackerfläche – so sind zum Beispiel Flachlandflächen aufgrund ihrer Möglichkeit zur maschinellen Bewirtschaftung Äckern in bergigen Regionen vorzuziehen. Auch geographische Lage, landwirtschaftliche Infrastruktur und Bewässerungsmöglichkeiten lassen Rückschlüsse auf die zu erwartende Produktivität von Land zu. Bei der Bestimmung und Bewertung der materiellen Eigenschaften von Land spielt die „material agency and potentiality"[14] von Land eine wichtige Rolle, ebenso wie Prozesse der Standardisierung und Normierung, durch die Bodeneigenschaften über zeit-räumliche Bezüge hinweg erfasst und vergleichbar gemacht werden.

Die Schwarzerde-Regionen in der Ukraine sowie in Teilen Russlands sind ein prominentes Beispiel dafür, wie biophysische und materielle Eigenschaften bei

---

11 O. Visser, „Running out of Farmland? Investment Discourses, Unstable Land Values and the Sluggishness of Asset Making", *Agriculture and Human Values* 34 (2017), S. 185–198, hier S. 191.
12 Kuns, Visser und Westfält, „The Stock Market and the Steppe".
13 Visser, „Running out of Farmland?".
14 T. Richardson und G. Weszkalnys, „Resource Materialities", *Anthropological Quarterly* 87 (2014) 1, S. 5–30, hier S. 15.

der Konstruktion von Land als Anlageobjekt diskursiv mobilisiert werden. Schwarzerde-Böden, auch Tschernosem genannt, gelten seit Jahrhunderten als einer der fruchtbarsten Bodentypen weltweit und idealer Ackerboden. Visser zeigt, dass die Schwarzerde-Regionen Mitteleuropas seit Anfang der 2000er Jahre auch die Aufmerksamkeit internationaler Finanzakteure erregt haben.[15] Das Interesse internationaler Investoren an Schwarzerde-Böden liegt maßgeblich in der ihnen zugeschriebenen hohen Fruchtbarkeit und Produktivität begründet. Angepriesen als „phänomenal produktives Land" mit „unglaublichem Potential",[16] wurde Schwarzerde-Böden diskursiv eine Werthaftigkeit zugeschrieben, die einen regelrechten Ansturm kapitalkräftiger Akteure – von börsennotierten Agrarkonzernen und chinesischen Staatsunternehmen bis hin zu internationalen Finanzinvestoren – auf diese Landflächen ausgelöst hat. Umso erstaunlicher erscheint, dass viele der Investitionsprojekte weit hinter ihren selbstgesteckten Renditeerwartungen zurückblieben. Visser argumentiert, dass die eindimensionale Fokussierung auf die Bodenqualität andere, für die landwirtschaftliche Produktion zentrale, aber weniger „greifbare" Aspekte wie die rauen klimatischen Bedingungen, Dürreanfälligkeit und unregelmäßige Regenfälle in den Hintergrund treten ließen. Ernteausfälle und schwere wirtschaftliche Verluste waren die Folge.[17]

Das Beispiel der Schwarzerde-Investitionen zeigt, wie eng Diskurs und Materialität im Ansturm auf Land miteinander verwoben sind. Während spezifische materielle Aspekte von Land und Landwirtschaft ihre Reimagination als neue Finanzanlageklasse befeuern, setzen ihre materiellen und biophysischen Eigenheiten den Investorenträumen von einer nahtlosen kapitalgetriebenen Verwertbarkeit von Land immer wieder Grenzen.[18] Eben jene Prozesse der Simplifizierung und Abstrahierung, durch welche Land für den kapitalistischen Verwertungsprozess „lesbar" gemacht werden, können die erfolgreiche Konstruktion von Land als Investitionsobjekt unterminieren, indem sie den Blick auf nur einen Aspekt – wie den der Bodenqualität – innerhalb eines hochkomplexen biologischen Prozesses verengen.

---

15 O. Visser, N. Mamonova und M. Spoor, „Oligarchs, Megafarms and Land Reserves. Understanding Land Grabbing in Russia", *The Journal of Peasant Studies* 39 (2012) 3–4, S. 899–931.
16 Visser, „Running out of Farmland?", S. 195.
17 O. Visser, „Persistent Farmland Imaginaries. Celebration of Fertile Soil and the Recurrent Ignorance of Climate", *Agriculture and Human Values* 38 (2021) 1, S. 313–326.
18 Sippel und Visser, „Reimagining Land".

5.4 Vermarktung von Umwelt und Natur

Stehen bei der Inwertsetzung von Schwarzerde-Böden noch „objektive" (wenn auch einseitig gedachte) Faktoren landwirtschaftlicher Produktivität im Vordergrund, so lassen sich im Kontext des Land Rush auch Formen der kulturellen und symbolischen Wertzuschreibung erkennen, bei denen es Investoren um die Vermarktung von Umwelt und Natur im weiteren Sinne geht. So zeigt Böhme am Beispiel der Investitionspraxis chinesischer Konzerne in Australien, wie Zuschreibungen von „Ursprünglichkeit" und „Natürlichkeit" zu wichtigen Vermarktungsinstrumenten gegenüber chinesischen Konsumenten werden. Vor dem Hintergrund von Umweltverschmutzung und Lebensmittelskandalen in China positionieren chinesische Investoren ihre in Australien produzierten Milchprodukte im hochpreisigen Luxussegment, indem sie auf die Entlegenheit und Unberührtheit australischer Farmlandschaften und die natürlichen Aufzucht- und Haltungsbedingungen ihrer Milchkühe verweisen.[19] Die hier zu beobachtende Romantisierung und Inwertsetzung biophysisch-materieller Umweltfaktoren, die den landwirtschaftlichen Prozess prägen, ist sowohl aus der biologischen Landwirtschaft bekannt als auch aus der Debatte um geschützte geographische Herkunftsbezeichnungen landwirtschaftlicher Erzeugnisse. Kapitalistische Verwertungs- und Akkumulationsstrategien basieren hierbei nicht primär auf der Aneignung „Billiger Natur" nach dem Verständnis Jason Moores,[20] sondern vielmehr auf einer Kulturalisierung von Gütern[21] – also der Aufladung agrarischer Güter mit einer symbolischen Bedeutung, die jedoch in den biophysisch-materiellen Umweltbedingungen des landwirtschaftlichen Produktionsprozesses wurzelt. Sind dies im Fall der Biolandwirtschaft meist ethische Werte, stehen bei chinesischen Konsumenten vor allem soziales Prestige und gesundheitliche Vorteile im Vordergrund, die mit dem Kauf hochpreisiger australischer Lebensmittel verbunden werden. Doch auch hier sehen sich Investoren durch die Materialität agrarischer Produktionsprozesse immer wieder herausgefordert. So zeigt Böhmes Fallstudie, dass eben diese angepriesene Abgeschiedenheit und die damit einhergehenden Transportschwierigkeiten ein wesentliches materielles Hindernis bei der Erwirtschaftung der anvisierten Renditen darstellen.[22]

---

19 M. Böhme, „‚Milk from the Purest Place on Earth'. Examining Chinese Investments in the Australian Dairy Sector", *Agriculture and Human Values* 38 (2021), S. 327–338.
20 J. Moore, „Über die Ursprünge unserer ökologischen Krise", *PROKLA* 46 (2016) 185, S. 599–619.
21 Zum Begriff der „Kulturalisierung von Gütern" siehe A. Reckwitz, *Die Gesellschaft der Singularitäten. Zum Strukturwandel der Moderne*, Berlin: Suhrkamp, 2018.
22 Böhme, ‚Milk from the Purest Place on Earth'.

Neuaushandlungen von Land, so lässt sich zusammenfassen, sind stets an materielle Aspekte von Land und Landwirtschaft gebunden. Auch wenn im Kontext des globalen Land Rush das Verhältnis zwischen Kapital und Land(-wirtschaft) zunehmend in einer neuen sozial-räumlichen Form – nämlich der der Finanzanlageklasse – gerinnt, bleibt die Analyse der Potentiale und Grenzen des Materiellen im kapitalistischen Akkumulationsprozess essentiell für das Verständnis der gegenwärtig zu beobachtenden Transformationsprozesse von Land.

6 De- und Reregulierungen von Land

Ein nach wie vor zentraler Akteur innerhalb aktueller Neu-Verräumlichungen von Land ist der Staat. Der Staat übernimmt vielfältige Funktionen im Hinblick auf Land: als Gesetzgeber und damit Regulierer von Landmärkten und Investitionen in Land, als Instanz, die Landkäufe registriert und Informationen über Landbesitz bereitstellt, als politischer Vermittler für Landkäufe, der Anreize für Investitionen und Landkäufe schafft, bis hin zum aktiven Investor selbst, der Land erwirbt und auf diese Weise – wie oben beschrieben – geopolitische und finanzökonomische Ziele verfolgt. In diesem Abschnitt diskutieren wir zunächst die Rolle, die der Staat als Deregulierer im Rahmen aktueller Landprojekte eingenommen hat, und gehen dann auf staatliche Neu-Regulierungen bzw. Reregulierungen von Land ein.

6.1 Staaten als Akteure der Deregulierung von Landmärkten

Wurde der Staat zu Beginn des Land Rush vor allem als *Land Grabber* und Komplize von Landakquisitionen durch ausländische Akteure und Finanzinvestoren identifiziert,[1] wurde nachfolgend vor allem die Rolle des Staats als De-Regulierer hervorgehoben. Durch die Privatisierung von Land, die Schaffung von Landmärkten und die neoliberale Deregulierung von Kapitalflüssen haben Staaten über Jahrzehnte hinweg die Grundlagen für die aktuellen Landakquisitionen und die Finanzialisierung von Land geschaffen.[2] Oftmals wurden bestehende rechtliche Regelungen, die der Beschränkung von Landkäufen dienten, gelockert und Landmärkte für ausländische Akteure und neue Formen von Kapitalflüssen geöffnet.

So zeigen Desmarais et al. und Magnan und Sunley für die kanadische Provinz Saskatchewan (in der sich 40 Prozent des kanadischen Agrarlands befinden), dass die aktuelle Finanzialisierung von Land erst durch die Öffnung der Landmärkte für Investoren ermöglicht wurde.[3] War Landbesitz im Anschluss an die

---

[1] W. Wolford u. a., „Governing Global Land Deals. The Role of the State in the Rush for Land", *Development and Change* 44 (2013) 2, S. 189–210.
[2] S. J. Martin und J. Clapp, „Finance for Agriculture or Agriculture for Finance?", *Journal of Agrarian Change* 15 (2015) 4, S. 549–559; Larder, Sippel und Argent, „The Redefined Role of Finance", S. 397–418.
[3] A. A. Desmarais u. a., „Investor Ownership or Social Investment? Changing Farmland Ownership in Saskatchewan, Canada", *Agriculture and Human Values* 34 (2017) 1, S. 149–166; A. Magnan und S. Sunley, „Farmland Investment and Financialization in Saskatchewan, 2003–

Gründung der Provinz 1905 zunächst nicht reglementiert, erließ die Provinzregierung 1974 ein Gesetz, das Landbesitz auf Anwohner:innen Saskatchewans beschränkte. Diese Beschränkung wurde 2002 aufgehoben, so dass nun auch kanadische Anwohner:innen anderer Provinzen, Staatsbürger:innen und Firmen, die nicht zu 100 Prozent in kanadischem Besitz sind, Land ohne Einschränkungen erwerben können. Im Anschluss an die Gesetzesänderung, so zeigen Desmarais et al., stieg der Anteil von Land, das sich im Besitz von Investoren befindet, um das 16-fache (2002–2014 von 51,957 auf 837,019 Morgen).[4] Auch die oben erwähnten Landinvestitionen börsennotierter Unternehmen in der Ukraine und Russland wurden erst durch staatliche Änderungen der Landgesetzgebungen ermöglicht.[5] So liberalisierte ein neues Landgesetz in Russland 2002 den Verkauf von Land an Staatsbürger:innen und, über lokal registrierte Tochterunternehmen, auch an Ausländer:innen. In der Ukraine sind Landkäufe nach wie vor limitiert, ein neues Gesetz erlaubt aber seit 2001 die Verpachtung von Land.

In der jüngeren Vergangenheit haben Staaten verstärkt auf die Zunahme ausländischer Landkäufe und den in diesem Zuge entstandenen innenpolitischen Druck reagiert und Gesetzgebungen für Direktinvestitionen in Land (wieder) verschärft. Unter anderem verabschiedeten Brasilien, Argentinien, die Demokratische Republik Kongo, Benin, Ungarn, Rumänien und Australien strengere Landinvestitionsgesetze.[6] Dabei ergaben sich zahlreiche neue Herausforderungen in der Reregulierung dieser zunehmend deterritorialisierten Kapitalströme.

6.2 Staaten als Akteure der Reregulierung von Landmärkten

Ermöglichte die Deregulierung von Landmärkten Landkäufe seitens nationaler (und damit territorial gebundener) und multinationaler (und damit deterritorialer) Akteure, erfolgte ihre Reregulierung maßgeblich über konventionelle Maßnahmen der territorialen staatlichen Kontrolle „ausländischer Akteure". Fairbairn diskutiert dieses Spannungsgefüge am Beispiel von Brasilien.[7] Großflächige Landinvestitionen in Brasilien, so zeigt sie, verfolgten primär Profitinteressen und

---

2014. An Empirical Analysis of Farmland Transactions", *Journal of Rural Studies* 49 (2017), S. 92–103.
4 Desmarais u. a., „Investor Ownership", S. 159.
5 Kuns, Visser und Westfält, „The Stock Market and the Steppe".
6 M. Fairbairn, „Foreignization, Financialization and Land Grab Regulation", *Journal of Agrarian Change* 15 (2015) 4, S. 581–591, hier S. 583.
7 Ebd.; M. Fairbairn, *Fields of Gold. Financing the Global Land Rush*, Ithaca: Cornell University Press, 2020.

erfolgten durch Finanzakteure, die sich nicht ohne weiteres einem nationalen Ursprung zuschreiben lassen. Zu diesen zählen Investmentfonds, die, wie oben aufgezeigt, einen Pool verschiedener Kapitalquellen repräsentieren, Joint Ventures zwischen brasilianischen und ausländischen Partnern und börsennotierte Unternehmen.

In der Reregulierung von Landakquisitionen belebte die brasilianische Regierung nichtsdestoweniger ein Gesetz der Begrenzung und Kontrolle des Landerwerbs durch ausländische Akteure aus den 1970er Jahren wieder, welches seit den neoliberalen Reformen der 1990er Jahre weitgehend außer Kraft gesetzt war. Im Rahmen der Untersuchung des bestehenden Rechtsrahmens kam die Regierung von Luiz Inácio Lula da Silva 2007 zu dem Schluss, dass seit der Deregulierung 1998 praktisch keine Daten zu ausländischem Landbesitz mehr vorhanden waren. Mit Verweis auf Brasiliens nationale Souveränität wurde eine verstärkte Kontrolle ausländischer Landkäufe gefordert: „the central point for discussion on this topic for us is national sovereignty. It's not xenophobia. It is the country knowing [...] what is the destiny of the territory".[8] Daraufhin wurde 2010 die ursprüngliche Interpretation des Gesetzes 5.709 wieder in Kraft gesetzt, was im Wesentlichen bedeutete, dass brasilianische Unternehmen mit mehr als 50 Prozent ausländischem Kapitalanteil wieder als ausländische Akteure behandelt und reguliert wurden. Diese Re-Regulierung, so argumentiert Fairbairn, wird allerdings dem deterritorialen und hochgradig fluiden Charakter von Finanzkapitalflüssen nicht gerecht:

> „Foreignness", while not necessarily an *inaccurate* descriptor for these finance-backed entities and transnational partnerships, is nonetheless a deeply *inadequate* basis upon which to regulate them. Rather than national territory being transferred from domestic control to control by a unitary foreign entity, the land comes under the control of capital whose national affiliation is either unstable, multiple, non-transparent or simply designed to ensure preferential tax treatment.[9]

Fairbairn zeigt zugleich, dass die Verschärfung der Landgesetzgebung nicht allein transnationale und finanzialisierte Kapitalflüsse unzureichend erfasst, sondern auch auf vielfältige Weise umgangen wird. Damit stelle sich die Frage, inwieweit diese Situation vielmehr ein Resultat der Unwilligkeit der brasilianischen Regierung sei, ausländische und finanzialisierte Landkäufe tatsächlich zu begrenzen. Die brasilianische Regierung, so argumentiert sie, repräsentiere jedoch vielfältige Akteure mit unterschiedlichen und oftmals konfligierenden Interessen. Dabei

---

8 Brasilianischer Senat 2008, zitiert in Fairbairn, „Foreignization, Financialization", S. 585.
9 Ebd., S. 584 (Hervorhebungen im Original).

existierten sowohl Bekenntnisse zu Landreformen und ländlichen sozialen Bewegungen wie der MST (Movimento dos Trabalhadores Sem Terra) als auch zu den Interessen der Agrarindustrie. Indem die staatliche Reregulierung auf die Restriktion ausländischer Akteure abzielte, habe die Regierung sowohl Punkte auf Seiten der sozialen Bewegungen sammeln und ihre nationale Ausrichtung unter Beweis stellen als auch Spielräume und Schlupflöcher für die Umgehung der Gesetzgebung offen lassen können.

Auch die australische Regierung implementierte 2015 eine neue Landinvestitionsgesetzgebung als Reaktion auf die Zunahme ausländischer Landkäufe seit Mitte der 2000er Jahre.[10] Der Verlauf der australischen Debatte weist zahlreiche Parallelen zum brasilianischen Beispiel auf. Im Zentrum stand auch hier der „Ausverkauf" australischen Lands an ausländische Akteure, und die neue Gesetzgebung zielt entsprechend darauf ab, „ausländisches Kapital" stärker zu kontrollieren und reglementieren. Ebenso wie in Brasilien bemängelten zahlreiche Beobachter:innen, dass keine ausreichenden Daten zu ausländischem Landbesitz zur Verfügung stünden, um überhaupt eine sinnvolle Debatte zu dieser Thematik führen zu können. Und auch in Australien lassen sich die politischen Akteur:innen, die die Debatte vorangetrieben haben, weder rein „rechten" noch „linken" Lagern zuordnen. Der ursprüngliche Impuls zur Überprüfung der Gesetzeslage ging unter anderem von den Grünen aus. Ausländische Landkäufe wurden aber auch von der konservativen Liberal-National Coalition aufgegriffen und unter Verwendung nationalistischer Rhetorik politisiert. Nicht zuletzt lag der Fokus der Debatte ebenso wie in Brasilien auf spezifischen ausländischen Akteuren – und zwar allen voran auf Landkäufen seitens arabischer und chinesischer Akteure, die sehr viel mehr negative Presse erhielten als Landkäufe „westlicher" Investoren. Letztere wurden vielmehr als eben jene Form von Kapital begrüßt, auf die die australische Landwirtschaft dringend angewiesen sei.[11]

Neben Formen von Rassismus insbesondere gegenüber chinesischen Investoren (wie sie auch de Oliveira für Brasilien dokumentiert)[12] wurden Landkäufe aus Katar und China jedoch auch als problematisch gesehen, da sie mit der neoliberalen Marktausrichtung der australischen Landwirtschaft kollidierten. So wurden die Investitionen des Staatsfonds Katars, die unter anderem der Ernäh-

---

10 S. R. Sippel und T. Weldon, „Redefining Land's Investability. Towards a Neo-nationalization of Resources in Australia?", *Territory, Politics, Governance* 9 (2021) 2, S. 306–323.
11 S. R. Sippel, „Financialising Farming as a Moral Imperative? Renegotiating the Legitimacy of Land Investments in Australia", *Environment and Planning A: Economy and Space* 50 (2018) 3, S. 549–568.
12 G. D. L. Oliveira, „Chinese Land Grabs in Brazil? Sinophobia and Foreign Investments in Brazilian Soybean Agribusiness", *Globalizations* 15 (2018) 1, S. 114–133.

rungssicherung Katars dienen sollten, als Unterminierung von Marktprinzipien interpretiert. Diese nicht-kommerzielle Logik war eine zentrale Argumentation, auf deren Basis Akteur:innen für die Reform der Investitionsgesetzgebung mobilisierten. Dieser „Störfaktor" lässt sich vor dem Hintergrund der neoliberalen Ausrichtung der australischen Politik seit den 1980er Jahren verstehen, welche die „Offenheit" gegenüber ausländischen Direktinvestitionen und Marktorientierung von Austauschbeziehungen propagierte. Diese dem Neoliberalismus zugrundeliegenden Raumordnungsprinzipien gerieten im Rahmen der Landdebatte in ein neues Spannungsgefüge zwischen grundsätzlicher Kapitaloffenheit einerseits und der Unerwünschtheit spezifischen, als „nicht-kommerziell" betrachteten Kapitals andererseits.

Die Herausforderung neoliberaler Raumordnungen erfuhr im Zuge des Verkaufs des Kidman Unternehmens eine weitere Verkomplizierung.[13] Im Fall von Kidman – welches in den australischen Medien aufgrund seiner Größe und Geschichte häufig als nationale Ikone portraitiert wurde – gerieten neoliberale Prinzipien auch mit dem „nationalen Interesse" in Konflikt. Der geplante Verkauf des Unternehmens an einen chinesischen Investor stünde, so die Argumentation des Treasurers, dem nationalen Interesse Australien entgegen, woraufhin die Transaktion staatlicherseits unterbunden wurde. Die Regierung genehmigte schließlich den Verkauf an ein australisch-chinesisches Konsortium und kommentierte, dass das Unternehmen in dieser Kombination mehrheitlich (zu zwei Dritteln) in australischem Besitz und damit unter australischer Kontrolle verbliebe. Hier lässt sich eine neue Form der hybriden Land-Governance identifizieren, bei der sich Aspekte des Neoliberalismus mit einem neu aufkeimenden Nationalismus kombinieren – und im Kern maßgeblich die „Freiheit" nationalen, das heißt australischen Kapitals befördern.

Der Staat, so zeigte dieser Abschnitt, spielt nach wie vor eine wichtige Rolle in der Neu-Verräumlichung von Land. Im Zuge neoliberaler Agenden hat er oftmals erst die Rahmenbedingungen für die aktuell anzutreffenden Transformationen von Land und seine zunehmende globale Vermarktung und Finanzialisierung geschaffen. Großflächige Landkäufe sind jedoch vielerorts auch auf Widerstand gestoßen, woraufhin zahlreiche Regierungen bestehende Gesetzeslagen überprüft und ausländische Landkäufe wieder eingeschränkt oder stärkerer Kontrolle unterlegt haben. Aktuelle Projekte der Landverräumlichung kommen somit um den Staat als „omnipotenten" Verräumlicher und nach wie vor zentralen Akteur der Territorialisierung nicht herum. Allerdings fordern die Neu-Verräumlichungen von Land im Zuge der Finanzialisierung den Staat auch heraus. Die staatlicher-

---

13 Sippel und Weldon, „Redefining Land's Investability".

seits geschaffene Hypermobilisierung von Kapitalflüssen, die zunehmend auch Land miteinschließt, verweist den Staat in seinem ureigenen Territorium – der Kontrolle von Land – auf seine Grenzen. Das traditionelle Handwerkszeug staatlicher Kontrolle, welches auf nationalstaatliche Containerräume ausgerichtet ist, kann diese neuen Formen der Verräumlichung von Land nur begrenzt erfassen. Stattdessen wird versucht, staatliche Souveränität und Kontrolle durch die Wiederbelebung nationaler Rhetorik zu suggerieren.

7 Lokale Aushandlungen und transregionale Gegenbewegungen

An der Neu-Verräumlichung von Land sind nicht nur Akteur:innen aus Staat, Wirtschaft und Finanzindustrie beteiligt. Auch lokale Bevölkerungsgruppen nehmen entscheidenden Einfluss darauf, wie (und ob) Investitionsprojekte vor Ort umgesetzt werden und mit welchen sozio-ökonomischen und ökologischen Konsequenzen dies erfolgt. Gegen die oftmals existenzbedrohenden Auswirkungen des globalen Ansturms auf Land für Kleinbäuer:innen, Viehhirt:innen, Fischer:innen und indigene Bevölkerungsgruppen, vor allem im Globalen Süden, formierte sich in vielen betroffenen Regionen Widerstand. Das wohl berühmteste Beispiel sind die Massenproteste gegen den 2008 geschlossenen Pachtvertrag des südkoreanischen Konzerns Daewoo über 1,3 Millionen Hektar Ackerland in Madagaskar (etwa die Hälfte der landwirtschaftlichen Nutzfläche der Insel). Die Proteste führten nicht nur zur Annullierung des Vertrags, sondern gar zum Sturz des madagassischen Präsidenten.[1] Mit Hilfe von Landbesetzungskampagnen protestierten auch ägyptische Bauernvereinigungen im Zuge des arabischen Frühlings gegen jahrzehntelange Prozesse der Landenteignung und Verdrängung.[2] Und in Laos haben sich lokale Gemeinschaften der Landnahme durch chinesische Plantageninvestoren widersetzt, indem sie verwandtschaftliche, ethnische oder historische Bindungen zu verschiedenen Akteur:innen innerhalb des laotischen Staats mobilisierten.[3] Dies sind nur einige Beispiele für die vielfältigen Taktiken des teils subtilen, teils offenen Widerstands, mit denen lokale Bevölkerungen gegen die aktuellen Neu-Verräumlichungen von Land mobilisieren – und diesen alternative Imaginationen und Verräumlichungsprojekte entgegensetzen. Diese beziehen sich auch auf breitere Themen wie ländliche Armut, indigene und kleinbäuerliche Rechte sowie Umweltverträglichkeit und Nachhaltigkeit. Lokale Aushandlungen sind jedoch keineswegs allein durch Widerstand und Protest charakterisiert. Auch hier muss räumlich und akteursspezifisch differenziert werden. Die oben beschriebenen Projekte der Neu-Verräumlichung von Land treten keineswegs immer als „externe" Gewalt auf, die über das „Lokale"

---

1 D. Kress, *Investitionen in den Hunger? Land Grabbing und Ernährungssicherheit in Subsahara-Afrika*, Wiesbaden: Springer, 2012.
2 F. d. Lellis, „Peasants, Dispossession and Resistance in Egypt. An Analysis of Protest Movements and Organisations before and after the 2011 Uprising", *Review of African Political Economy* 46 (2019) 162, S. 582–598.
3 M. Kenney-Lazar, „Governing Dispossession. Relational Land Grabbing in Laos", *Annals of the American Association of Geographers* 108 (2018) 3, S. 679–694.

hineinbricht. Vielmehr existieren vielschichtige Prozesse, die von der Hoffnung auf Teilhabe bis hin zu aktiver Partizipation lokaler Bevölkerungsgruppen reichen.

Die komplexen lokalen Aushandlungen der Neu-Verräumlichungen von Land stehen im Fokus dieses Abschnitts. Damit verbunden diskutieren wir die neue transregionale Dimension, die die aktuellen Widerstandsbewegungen auszeichnet. Widerstand gegen die Einhegung und Kommodifizierung von Land ist, historisch gesehen, nicht neu. Der Land Rush, so hebt Ouma hervor, weist nicht allein Parallelen zu den Einhegungen von Land während des europäischen Kolonialismus auf. Auch das Aufbegehren gegen diese ist ein regelmäßiger Bestandteil in der Geschichte des Kapitalismus.[4] Wenn auch kein grundsätzlich neues Phänomen, so ist der Widerstand gegen großflächige Landkäufe doch neu ins Bewusstsein einer breiten und zunehmend globalen Öffentlichkeit gerückt. Dazu trägt auch bei, dass viele Gegenbewegungen heute nicht mehr ausschließlich lokal, sondern weltweit vernetzt agieren und ihren Protest in weithin sichtbaren, internationalen Foren wie den Vereinten Nationen artikulieren.

7.1 Zwischen Widerstand und Einbindung

Die griffige Formel von „Landnahme + Exklusion = Widerstand", die zahlreiche Autor:innen im Zuge des Land Rush bemüht haben, greift zu kurz, um die komplexen Verräumlichungsprozesse zu beschreiben, die mit großflächigen Agrarinvestitionen einhergehen. Die lokale Neuaushandlung der Landfrage verlangt vielmehr nach einer differenzierten empirischen Beschreibung und theoretischen Einordnung der vielschichtigen lokalen Einbettungen großflächiger Agrarinvestitionen. Diese bewegen sich im Spannungsfeld zwischen der Mobilisierung von Widerstand gegen Verdrängung und Exklusion, der Forderung nach Teilhabe und Integration bis hin zur aktiven Partizipation und Unterstützung. Lokale Bevölkerungsgruppen sind weder passive Opfer noch kollektiv im Widerstand vereint, sondern durch heterogene Interessenlagen gekennzeichnet.[5] Um die vielfältigen Neuaushandlungen der Landfrage theoretisch zu fassen, so argumentieren Borras und Franco, müssen die sich nach Klasse, Geschlecht, Generation, Ethnizität und

---

[4] S. Ouma, „Land Grabbing", in: N. Marquardt und V. Schreiber (Hrsg.), *Ortsregister: Ein Glossar zu Räumen der Gegenwart*, Bielefeld: Transcript, 2012, S. 171–177.
[5] S. M. Borras und J. C. Franco, „Global Land Grabbing and Political Reactions ‚From Below'", *Third World Quarterly* 34 (2013) 9, S. 1723–1747; R. Hall u. a., „Resistance, Acquiescence or Incorporation? An Introduction to ‚Land Grabbing and Political Reactions from Below'", *The Journal of Peasant Studies* 42 (2015) 3–4, S. 467–488.

Nationalität ausdifferenzierenden Interessenkonfigurationen in ihrer jeweiligen historisch-geografischen Spezifizität in den Blick genommen werden.[6]

Ein solchermaßen differenzierter Blick zeigt erstens, dass Konfliktlinien nicht nur zwischen lokalen (klein-)bäuerlichen Gemeinschaften und wirtschaftlichen oder staatlichen Eliten verlaufen, sondern auch innerhalb lokaler Bevölkerungsgruppen selbst. So zeigen zum Beispiel Fallstudien zu großflächigen Landkäufen auf dem Territorium der Gumuz in Äthiopien, wie lokale Chiefs in Absprache mit Regierungsvertreter:innen den Ausverkauf gemeinschaftlicher Agrarflächen zu ihrem eigenen Vorteil und gegen die Interessen ihrer eigenen Dorfgemeinschaften befördert haben.[7] Gleichzeitig kann es lokalen Gemeinschaften auch gelingen, mächtige Interessengruppen in Wirtschaft und Regierung gegeneinander auszuspielen und somit ihren eigenen Forderungen Nachdruck zu verleihen. Ein prominentes Beispiel hierfür sind die zahlreichen Konflikte um Landzugang und -nutzung im ländlichen China. Um sich der vielfach illegalen Enteignung und Vertreibung durch lokale Behörden zu erwehren, appellierten Bäuer:innen in offenen und oftmals lautstarken Protesten an die Zentralregierung. Sie legitimierten ihr Anliegen, indem sie aufzeigten, wie Gesetze, Richtlinien und Werte des Staates von lokalen Behörden missachtet werden.[8] Institutionalisierter Widerstand in dieser Form zieht seine Wirkungsmacht somit vor allem daraus, dass er konkurrierende Macht- und Interessenzentren innerhalb des Staates identifiziert und für die Durchsetzung eigener Ziele mobilisiert.

Lokale Reaktionen auf die zunehmende Konzentration von Agrarland in der Hand industrieller Agrarunternehmen und Finanzinvestoren sind zweitens nicht zwangsläufig von Widerstand und Aufbegehren geprägt. Im Gegenteil können auch Forderungen nach Inklusion und Teilhabe an den agro-industriellen Großprojekten überwiegen. Vor dem Hintergrund der globalen Krise der kleinbäuerlichen Landwirtschaft – geprägt von schrumpfenden Familienbetrieben, Perspektivlosigkeit und Mangel an Arbeitsplätzen – scheint für manche:n die Einbindung in agro-industrielle Großunternehmen und deren globale Warenketten – sei es als Vertragslandwirt oder als Landarbeiter – die bessere Alternative. So wurde für viele ländliche Räume der früheren Sowjetunion (wie der Ukraine oder der Schwarzerde-Region in Zentralrussland) das Fehlen lokaler Proteste gegen Prozesse der Landkonzentration und -kommodifizierung konstatiert. Mehr noch,

---

[6] Ebd.
[7] S. Moreda, „Listening to their Silence? The Political Reaction of Affected Communities to Large-Scale Land Acquisitions. Insights from Ethiopia", *The Journal of Peasant Studies* 42 (2015) 3–4, S. 517–539.
[8] K. J. O'Brien und L. Li, *Rightful Resistance in Rural China*, Cambridge: Cambridge University Press, 2006.

lokale Bevölkerungen artikulieren hier den expliziten Wunsch nach einer stärkeren Präsenz privatwirtschaftlicher und staatlicher Investoren in Land und Landwirtschaft, wie Vorbrugg zeigt.[9] Er erklärt diesen Befund durch den Zerfall und die Abwertung der regionalen Landwirtschaft während des Niedergangs der Sowjetunion, welche die Handlungsoptionen ländlicher Bevölkerungen drastisch eingeschränkt hätten.[10] Die im Zuge des Land Rush entstandenen Agrarunternehmen würden von der ländlichen Bevölkerung als Fortschreibung sowjetischer Kollektiv- und Staatsbetriebe wahrgenommen. Viele lokale Bewohner:innen zögen ein gesichertes Lohn- und Beschäftigungsverhältnis in einem solchen Großbetrieb den prekären wirtschaftlichen Bedingungen der Familienlandwirtschaft vor, so Vorbruggs Diagnose.

Beispiele eines Reisanbau- und Bewässerungsprojekts in Mali[11] oder der Fall einer 11.000 Hektar umfassenden Zuckerrohrplantage in den nördlichen Philippinen[12] zeigen, dass lokale Bevölkerungen auch in anderen Regionen mit der Forderung nach Inklusion auf großflächige Landinvestitionen reagiert haben. Sie versuchten ihre Teilhabe an Investitionsprojekten zu sichern, indem sie Allianzen mit Regierungsbehörden und Vertreter:innen von Agrarunternehmen und Investoren schlossen, Land an Agrarunternehmen verpachteten, für diese Vertragslandwirtschaft betrieben oder als Plantagenarbeiter arbeiteten. Forschungen in Regionen mit einer hochindustrialisierten Landwirtschaft wie Australien haben darüber hinaus gezeigt, dass landwirtschaftliche Investitionen auch begrüßt werden können. Bedenken manifestierten sich dort vielmehr gegenüber spezifischen Akteuren und deren Investmentpraktiken oder -motiven.[13] Auch positionieren sich seit einigen Jahren besonders unternehmerisch gesinnte Landwirt:innen als „ideale Partner" für transnational agierende Pensionsfonds und Private

---

9 A. Vorbrugg, „Not About Land, Not Quite a Grab. Dispersed Dispossession in Rural Russia", *Antipode* 51 (2019) 3, S. 1011–1031; N. Mamonova, „Resistance or Adaptation? Ukrainian Peasants' Responses to Large-Scale Land Acquisitions", *The Journal of Peasant Studies* 42 (2015) 3–4, S. 607–634.
10 Vorbrugg, „Not About Land, Not Quite a Grab".
11 N. Larder, „Space for Pluralism? Examining the Malibya Land Grab", *The Journal of Peasant Studies* 42 (2015) 3–4, S. 839–858.
12 J. C. Franco, D. Carranza und J. Fernandez, *New Biofuel Project in Isabela. Boon or Bane for Local People?*, Amsterdam: Transnational Institute, 2011.
13 S. R. Sippel, N. Larder und G. Lawrence, „Grounding the Financialization of Farmland. Perspectives on Financial Actors as New Land Owners in Rural Australia", *Agriculture and Human Values* 34 (2017) 2, S. 251–265.

Equity Unternehmen, die auf der Suche nach Vermögensanlagen in Land und Landwirtschaft sind.[14]

Ob und unter welchen Bedingungen lokale Bevölkerungsgruppen tatsächlich von der Inklusion in Landinvestitionsprojekte profitieren können, ist dabei fraglich. Agroindustrielle Großplantagen bieten häufig nur ungenügende Arbeitsplatz- und Einkommensmöglichkeiten, während für die in Form von Vertragslandwirtschaft eingebundenen Kleinbäuer:innen neue Abhängigkeiten und Risiken entstehen.[15] Und auch in Kontexten des Globalen Nordens sollte die sich in der Figur des *farmer-investors* manifestierende neue Symbiose von Finanzkapital und Landwirtschaft nicht darüber hinwegtäuschen, dass viele landwirtschaftliche Familienbetriebe auch hier durch die fortschreitende Finanzialisierung der Landwirtschaft in ihrer Existenz bedroht sind. Dennoch zeigen die vielfältigen politischen Reaktionen auf den globalen Land Rush, dass die Annahme, lokale Bevölkerungsgruppen lehnten sich grundsätzlich gegen die zunehmende Kommodifizierung und Finanzialisierung von Agrarland auf, zu kurz greift.

7.2 Transnationaler Aktivismus und Land Grabbing als politischer Streitbegriff

Die bisher beschriebenen Beispiele verweisen auf eine weitere sozial-räumliche Besonderheit aktueller Landtransformationen: Aushandlungsprozesse und politische Auseinandersetzungen um landbezogene Zugangs-, Nutzungs- und Eigentumsrechte artikulieren sich auf verschiedenen räumlichen Maßstabsebenen zugleich – von der Ebene der Dorfgemeinschaft über die Interaktion mit nationalen Regierungsvertreter:innen bis hin zu internationalen Foren wie der Nahrungsmittelorganisation der Vereinten Nationen (Food and Agriculture Organization, FAO). Hierbei kommt der Formierung neuer transnationaler Agrarbewegungen, die auf internationaler Ebene für Land- und Ernährungsrechte von Kleinbäuer:innen und indigenen Gruppen streiten, eine besondere Bedeutung zu. Prominenteste Vertreterin der sich um Landfragen formierenden transnationalen Agrarbewegungen ist La Via Campesina. Die seit 1993 aktive transnationale Bauernbewegung ist vor allem in Lateinamerika, Süd- und Südostasien, Westeuropa sowie in einigen Teilen Afrikas

---

14 Ebd.; A. Langford, „Capitalising the Farm Family Entrepreneur. Negotiating Private Equity Partnerships in Australia", *Australian Geographer* 50 (2019) 4, S. 473–491.
15 Siehe u. a. S. R. Sippel, *Export(t)räume. Bruchzonen marokkanischer Landwirtschaft*, Bielefeld: Transkript, 2014.

vertreten und repräsentiert Millionen Kleinbäuer:innen, Landarbeiter:innen, Landlose und indigene Bevölkerungsgruppen in über 80 Ländern.[16] La Via Campesina war nicht nur maßgeblich an der Erarbeitung einer 2018 verabschiedeten UN-Erklärung für die Rechte von Kleinbäuer:innen beteiligt, sondern streitet auch im Rahmen einer globalen „Kampagne für Agrarreform" für eine gerechte Verteilung von Land und die Stärkung der bäuerlichen Landwirtschaft weltweit.

In Zusammenarbeit mit NROs wie GRAIN, dem Food First International Action Network (FIAN) sowie aktivistischen Wissenschaftler:innen haben transnationale Agrarbewegungen wie La Via Campesina entscheidend dazu beigetragen, die Landfrage unter dem politischen Kampfbegriff des *Land Grabbing* erneut in den internationalen Fokus zu rücken und den Druck der Zivilgesellschaft auf Wirtschaft und Staat zu erhöhen. Entgegen den marktaffinen Reformbestrebungen von Entwicklungsorganisationen wie der Weltbank, die individualisierte Eigentumsrechte (statt informellem Gemeinschaftsrecht) befürworten, geht es transnationalen Agrarbewegungen um eine Demokratisierung des Zugangs zu Land. Der Vision der Land- und Ernährungssouveränität entsprechend sollen Bäuer:innen direkt in Entscheidungsprozesse über die Nutzung und den Zugang zu Land mit einbezogen werden, wobei Fragen nach sozialer Gerechtigkeit und ökologischer Nachhaltigkeit im Vordergrund stehen.[17]

Die prominente Rolle, die transnationalem Aktivismus bei dieser Neuaushandlung von Land zukommt, ist nicht zuletzt der zunehmenden Auslagerung politischer Entscheidungsprozesse von der nationalen auf die internationale Ebene zuzuschreiben. Dieser Rescaling-Prozess wurde in den letzten Jahrzehnten von internationalen Institutionen angesichts einer beständig fortschreitenden globalen Verflechtung von Wirtschafts- und Finanzinteressen aktiv vorangetrieben.[18] Verschiedene Organisationen wie die Weltbank, die Vereinten Nationen und die FAO nehmen heute aktiv Einfluss auf die Gestaltung von Landpolitik innerhalb spezifischer nationaler Kontexte. Dies verlangt auch von zivilgesellschaftlichen Akteuren wie NROs, Aktivist:innen und Agrarbewegungen, sich bei der Neuaushandlung der Landfrage nationen- und ebenenübergreifend zu organisieren und die Belange lokaler, von Landnutzungswandel betroffener Bevölkerungsgruppen auf der internationalen politischen Agenda zu positionieren.

In diesen Zusammenhang ist nicht zuletzt die enge Verflechtung zwischen transnationalem Aktivismus und akademischer Debatte einzuordnen. So wurden

---

16 La Via Campesina, *International Peasants' Movement*, https://viacampesina.org/en/ (Zugriff 8. November 2020).
17 S. M. Borras, J. C. Franco und S. M. Suárez, „Land and Food Sovereignty", *Third World Quarterly* 36 (2015) 3, S. 600–617.
18 D. Hall, *Land*, Cambridge: Polity, 2013.

politische Streitbegriffe wie *Land Grabbing* von der akademischen Forschung zur Transformation von Landnutzungs- und Besitzrechten aufgegriffen und für politische Zwecke mobilisiert. Zahlreiche Konferenzen an der Schnittstelle zwischen Aktivismus und Wissenschaft, die sich mit Konflikten um großflächigen Landnutzungswandel beschäftigt haben, zeigen, wie sich Aktivismus und Wissenschaft zu neuen Formen aktivistischer Wissenschaft oder wissenschaftlichem Aktivismus zusammenschließen. Auch wenn Forscher:innen dieser Verquickung nicht unkritisch gegenüberstehen bzw. diese kontinuierlich reflexiv begleiten,[19] wurde mit dem aktivistischen Begriff des *Land Grabbing* ein wirkmächtiger Interpretationsrahmen in der kritischen Agrarforschung geschaffen, dessen oftmals unausgesprochene Annahmen die wissenschaftliche Debatte stark geprägt haben. Dies zeigt sich am starken Fokus der Debatte auf den Globalen Süden und der Betonung von (gewaltvollem) Konflikt und Widerstand. „Alltägliche" und weniger spektakuläre Formen der Verdrängung[20] wurden dadurch aber auch unsichtbar gemacht und Erfahrungs- und Deutungsrahmen lokaler Bevölkerungsgruppen oftmals überformt. Weder ist *Land Grabbing* für alle Situationen und Kontexte zwangsläufig die richtige Diagnose, noch ist die Verteidigung der „bäuerlichen Lebensweise" ein von allen Akteur:innen notwendig angestrebtes Ziel.[21]

---

19 Eine kritische Auseinandersetzung findet sich früh bei M. Edelman, C. Oya und S. M. Borras, „Global Land Grabs. Historical Processes, Theoretical and Methodological Implications, and Current Trajectories", *Third World Quarterly* 34 (2013) 9, S. 1517–1531; C. Oya, „Methodological Reflections on ‚Land Grab' Databases and the ‚Land Grab' Literature ‚Rush'", *The Journal of Peasant Studies* 40 (2013) 3, S. 503–520; sowie I. Scoones u. a., „The Politics of Evidence". Siehe auch Schoenberger, Hall und Vandergeest, „What happened when the Land Grab came to Southeast Asia?".
20 Vorbrugg, „Not About Land, Not Quite a Grab".
21 Larder, „Space for Pluralism?"; Mamonova, „Resistance or Adaptation?".

8 Zusammenfassung

Landprojekte, so die Argumentation dieses Beitrags, beinhalten spezifische Imaginationen von Raum, manifestieren und stabilisieren bestehende Raumformate oder hinterfragen, unterminieren und unterwandern diese und fordern sie damit heraus. Zugleich beziehen sich zahlreiche aktuelle Projekte der Neu-Verräumlichung der Welt in expliziter oder impliziter Weise auf Land. Landimaginationen und damit verbundene raumbildende Praktiken sind daher von besonderem Interesse für die Untersuchung von Verräumlichungsprozessen unter Globalisierungsbedingungen. Wir haben in diesem Beitrag vier Dimensionen aktueller Landprojekte vorgestellt und im Hinblick auf die in ihnen anzutreffenden Imaginationen und Formen der Neu-Verräumlichung hin untersucht. Eine erste Form der Reimagination und Neu-Verräumlichung von Land begegnete uns in der Finanzialisierung von Land. Land, so haben wir gezeigt, wird im Kontext der Finanzialisierung der Landwirtschaft deterritorialisiert, indem sein produktives Potential aus der Ortsgebundenheit herausgelöst und zum Gegenstand weitverzweigter Renditeerzielung wird. Landrenditen aus unterschiedlichsten Teilen der Welt werden in Finanzportfolios eingespeist und verschränken sich zu globalen Anlagegeographien. Neuaushandlungen von Land, so haben wir zweitens aufgezeigt, bleiben nichtsdestoweniger stets an die physisch-materiellen und biologischen Eigenschaften von Land gebunden. Kapitalistische Akkumulationsprozesse der Verwertung und Umwandlung von Land in Renditen finden in ihrer „Rückkehr zum Realen" somit nicht allein die gesuchte Stabilität und Dauerhaftigkeit von Land, sondern werden auch auf seine materiellen Unwägbarkeiten und Widerspenstigkeiten zurückgeworfen. Drittens ist auch im Rahmen aktueller Landprojekte der Staat nach wie vor ein zentraler Akteur und machtvoller Verräumlicher, wie wir am Beispiel seiner Rolle als De- und Re-Regulierer aktueller Verräumlichungsprojekte aufgezeigt haben. Der Staat ist jedoch kein homogener, stetig gleichbleibender Akteur – er transformiert und wandelt sich, und dies auch und insbesondere im Zusammenhang mit einer seiner wichtigsten Ressourcen: Land. Aktuelle Landprojekte, so lässt sich argumentieren, haben somit das Potential, den Staat und seine Ausprägung selbst zu verändern. So können angesichts der Herausforderungen aktueller Neu-Verräumlichungsbestrebungen von Land etablierte staatliche Grundprinzipien und Handlungsmöglichkeiten herausgefordert werden. Lokale Aushandlungen von Landprojekten sind die vierte Dimension, die wir in diesem Beitrag diskutiert haben. Diese lassen sich keineswegs allein auf Widerstand und Protest reduzieren, vielmehr müssen lokale Praktiken der Verräumlichung ebenso räumlich und akteursspezifisch differenziert werden, wie die Verräumlichungspraktiken der anderen untersuchten Akteursgruppen. Neben Widerstand und Protest gegen Formen der Neu-Verräumlichung können sie auch von Hoffnung auf Teilhabe an eben diesen geprägt sein, oder aber deren aktive Beförderung beinhalten. Lokale Bevölkerungen haben jedoch – vor allem in der breiten Allianz zwischen Zivilgesellschaft, sozialen Bewegungen und Akademiker:innen – eine neue transregionale Stimme erlangt, die mittlerweile in weithin sichtbaren, internationalen Foren wie den Vereinten Nationen artikuliert wird. Landprojekte, so lässt sich resümieren, befinden sich auf vielschichtige Weise im Fokus aktueller Neu-Verräumlichungen der Welt, von ihrer finanzlogischen Durchdringung über die Wiederbelebung von Nationalismen bis hin zu neuen transregionalen Solidaritäten subalterner Gruppen. Land wird dabei in der Vielfalt seiner komplexen sozio-kulturellen, polit-ökonomischen wie auch physisch-materiellen Dimensionen neu ausgehandelt – und kann die Debatten um Verräumlichungen auf ebendiese Weise bereichern.

www.ingramcontent.com/pod-product-compliance
Lightning Source LLC
Chambersburg PA
CBHW021717230426
43668CB00008B/861